Lisbeth Bischoff

Rückblick.

Opernbälle, Modeshows
und Menschenbilder

Lisbeth Bischoff

Rückblick.

Opernbälle, Modeshows
und Menschenbilder

Edition V

Herzlichen Dank
an die Stadtbücherei Dornbirn
und den Palast Hohenems.
Diese wunderschönen Orte
durften wir freundlicherweise
für das Fotoshooting nutzen.

Inhalt

Vorwort

Am bekannten Anfang steht das unbekannte Ende

Es ist eine große braune Türe, deren Schwere nur bezwingbar ist, wenn man mit beiden Händen »Hand« anlegt. Vor dieser Türe stehe ich am 10. Jänner 1972, es ist ein Montag. Adrett gekleidet mit Rock und Bluse, nichts Auffälliges, aber viel zu bieder für ein 16-jähriges Mädchen. Es ist genau 7 Uhr 50, als ich die Türe mit Kraftanstrengung aufdrücke und sie mit lautem Knarren nachgibt. Es ist ein kleiner Schritt für mich, aber ein großer Schritt für meine Zukunft.

Warum mir just in diesem Moment die berühmten Worte des Apollo 11-Astronauten Neil Armstrong einfallen, kann ich nur erahnen. Als Armstrong die oberste Sprosse der Leiter bestieg, um als erster Mensch aus dem Landemodul »Eagle« auf die Mondoberfläche hinabzusteigen, sprach er den gewaltigen Satz: »Ein kleiner Schritt für einen Menschen, aber ein großer Sprung für die Menschheit.«

Sehr wahrscheinlich war dieser Schritt damals für mich auch von ungeahntem Ausmaß. Das Aufdrücken der Türe, symbolisch der Eintritt in eine völlig neue Welt.

Es ist der Eintritt in meine Arbeitswelt, nach einer erfolgreichen Aufnahmeprüfung in Deutsch, Englisch, Maschinschreiben und Stenografie (das ist »eine aus einfachen Zeichen gebildete Schrift, die schneller als die herkömmliche ›Langschrift‹ geschrieben werden kann und es ermöglicht, in normalem Tempo gesprochene Sprache mitzuschreiben oder eigene Ideen schneller zu notieren«, weiß Wikipedia).

Ich bin im Rathaus in Dornbirn, in Vorarlberg. Hier in dem 1939/40 erbauten Neuen Rathaus ist im obersten Stockwerk der ORF untergebracht. Unter Aufsicht der französischen Besatzung wurde dort nach dem Zweiten Weltkrieg der regionale Rundfunk aufgebaut, die Arbeitsbedingungen blieben durchwegs provisorisch. So wurde zur Aufnahme von Hörspielen die

Straße vor dem Rathaus gesperrt, da die Aufnahmeräume nicht ausreichend schalldicht waren.

Ich war technisch immer schon sehr interessiert und kämpfte für jede Neuerung. Ich war die Erste im Landesstudio Vorarlberg, die eine elektrische Schreibmaschine bekam, die Erste, die einen Computer hatte, die Adressen per Computer programmierte, um Einladungen zu den Vorträgen »Studiogespräche« zu verschicken.

Allerdings erinnere ich mich auch noch, wie ich erschrak, als mich zum ersten Mal ein kleines Kästchen auf meinem Schreibtisch – eine Gegensprechanlage – aufforderte, zum Chef zu kommen. Der Chef überreichte mir eine Minikassette mit seinen Diktaten. Ab sofort gab es keinen persönlichen Kontakt mehr, wenn ich den Schriftverkehr zu erledigen hatte, obwohl wir Zimmer an Zimmer saßen.

Heute denke ich, das war nicht nur der Untergang der Stenografie, sondern auch der Beginn der Vertechnisierung der menschlichen Beziehungen.

»Wenn Sie sich langsam von Schulmädchenkleidung auf Bürokleidung umstellen«, fordert mich die Chefsekretärin auf und schickt mich nach Hause, um mich umzuziehen. Schon eine halbe Stunde später stehe ich mit derselben »Schulmädchenkleidung« wieder im Büro: »Meine Mutter findet, dass ich ordentlich und sauber gekleidet bin.« Und wenn sie jetzt rätseln, was denn kleidungstechnisch der Stein des Anstoßes war... Es war ein Hosenrock in rostrot, die Länge circa zehn Zentimeter über dem Knie. Hosen waren bislang im Landesstudio verpönt. Ich, die Revoluzzerin in puncto Mode, führte also auch die Hose ein.

Am 20. Oktober 1972 wird das neue Funkhaus in Dornbirn eröffnet, die sogenannte »Peichltorte«. Benannt nach dem Erbauer, Architekt Gustav Peichl. Gustav Peichl hat mir damals ein Bild gezeichnet: Ein junges Mädchen erhält freudestrahlend eine Blume.

Dem damaligen Generalintendanten Gerd Bacher fehlte just kurz vor seiner Eröffnungsrede ein Knopf am Sakko. Ich behob das Malheur – das hat er nie vergessen, ich auch nicht.

Ich bin dabei, als am Samstag, 22. April 1978, die erste Fernsehsendung aus dem Landesstudio Vorarlberg kommt: Club Regional »Liebe im Alter«. Ich weiß noch, dass das Thema für mehr Aufsehen sorgte, als die Tatsache, dass wir jetzt direkt vom Funkhaus in Dornbirn in die Wohnzimmer senden konnten.

Es ist an einem Tag im Juli 1985. Um 6 Uhr früh werde ich von einem Ö3-Kollegen geweckt. Ein Staudamm am Rhein ist gebrochen. Sie möchten für »Radio Holiday« eine Geschichte von mir. Das ist der Startschuss für die regelmäßige Beitragsgestaltung für Ö3. Arbeit gibt es genug.

Tagelang regnet es schon in Strömen. »Die Zauberflöte« auf der Seebühne der Bregenzer Festspiele droht unterzugehen.

Bis heute ist mir die Anmoderation meines Betrages im Gedächtnis: »Während die Wiener Symphoniker im Nassen sitzen, sitzen die Schuhgeschäfte buchstäblich auf dem Trockenen: Es gibt keine Gummistiefel mehr.« Es stimmte: Die Gummistiefel waren tatsächlich im ganzen Land ausverkauft.

Während die Wiener Symphoniker im Nassen sitzen, sitzen die Schuhgeschäfte buchstäblich auf dem Trockenen: Es gibt keine Gummistiefel mehr.

Am 15. Dezember 1987 ereilt mich der Anruf aus Wien: »Wollen Sie ewig in diesem Kaff sitzen?« Das ist die Einladung zur Gesellschaftsberichterstattung in unsere Bundeshauptstadt, wo die Sendung »Seitenblicke« gerade aus der Taufe gehoben wird.

Am 21. Dezember sage ich zu, am 10. Jänner 1988 sitze ich im Autoreisezug nach Wien und bleibe bis zum 29. Oktober 2018.

»Neben mir steht immer ein Doppelgänger, den die Öffentlichkeit geschaffen hat, den ich aber nicht kenne«, wird Paul Newman zitiert.

Wir alle machen uns ein bestimmtes Bild über Menschen, die im Rampenlicht stehen. Wir glauben, sie zu kennen, nur weil sie uns aus Tageszeitungen, Hochglanzmagazinen, von Plakatwänden und von der Kinoleinwand entgegenlächeln, sich in Fernsehsendungen von der besten Seiten zeigen und von den besten Visagisten und Fotografen der Welt ins richtige Licht gerückt werden. Kritiker wie Publikum haben maßgeblichen Anteil am Erfolg, am Sein oder Nichtsein eines Prominenten. Doch welcher Charakter verbirgt sich tatsächlich hinter diesen Menschen, fernab von Publicitytrubel und Vermarktungsstrategie?

Mein Buch »RÜCKBLICK. – Opernbälle, Modeshows und Menschenbilder« gewährt Einblicke:
in die menschliche Psyche
in die aufwändige Arbeit bis zum Interview
in die Hoppalas.

Jahrzehntelang habe ich meine ganz persönliche Erfahrung im Umgang mit der internationalen Prominenz aus Gesellschaft, Kultur, Sport, Politik und Adel gemacht. Habe bei meiner Arbeit Höhen und Tiefen, Achtung und Beachtung, Freude und Resignation der von uns verehrten und auch geschätzten Weltstars erlebt.

Durch meine hautnahen Kontakte mit den berühmten Persönlichkeiten kann ich von berührenden, lustigen, schrägen und immer sehr persönlichen Momentaufnahmen, die sich jedes Mal wie bei einem überdimensionalen Puzzle zu einem persönlichen Bild zusammenfügen, berichten.

Geschichten im Radio, im Fernsehen oder in den Printmedien lassen sich wunderbar erzählen. Geschichten, die bewegen, verändern, erheitern, aber auch betroffen machen. Immer zur richtigen Zeit am richtigen Ort sein und immer die Geschichte vor Augen haben.

Noch immer bin ich viel unterwegs, damit ich Ihnen immer wieder neue Geschichten erzählen kann. Daher ist mein Kühlschrank meist nur prall gefüllt mit stillem Mineralwasser. Das lässt manch‘ einen schmunzeln, der meint: Die Besitzerin mache ohnehin schon genug Lärm.

Mit meinem ganz persönlichen »RÜCKBLICK« wünsche ich Ihnen, liebe Leserin und lieber Leser, gute Unterhaltung.

Lisbeth Bischoff

CASPARVS COMES

Gepfeffert und gesalzen

Ein guter Koch probiert ja nichts, der weiß wie es schmeckt.

Schriftsteller
Michael Köhlmeier

Bevor Sie zu lesen beginnen, möchte ich Ihnen meine Welt, meine Arbeitswelt schildern, in der ich zuhause war, wenn ich die Stars und Royals zum Interview gebeten habe.

Ja, ich bin immer dabei. Dort wo es etwas zu essen gibt, da bin auch ich. »Die heiße Schlacht am kalten Buffet« erlebe ich täglich. Ich kenne Nobel-Fastfood genauso wie ein neungängiges Gourmetmenü oder den Nobelsnack, kreiert von Top-Gastronomen aus der Top-Gastronomie, die sich in ihren Gourmettempeln manchmal dazu herablassen, auch ländliches Fastfood häppchenweise zu verabreichen. Kenne die behaubten Küchengenies auf der ganzen Welt, die Kochlöffelhelden der Luxusklasse.

War hautnah dabei, als bei einem noblen Galadinner im Rahmen einer Wohltätigkeitsveranstaltung ein Gast beim Oberkellner um Salz bittet. Der Oberkellner eilt von dannen, um des Gastes Wunsch zu erfüllen, als plötzlich der hochdekorierte Haubenkoch wütend die Szene betritt: »Welches A... will meine Kreation nachsalzen?« Offenbar teilt er die Ansicht von Schriftsteller Michael Köhlmeier, der meint: »Ein guter Koch probiert ja nichts, der weiß wie es schmeckt.«

Der gepfefferte Auftritt hinterlässt Spuren. Die Stimmung ist am Höhepunkt. Die gesalzene Kritik zeigt Wirkung. Der Abend für die Gäste gelaufen, für den Gastrokritiker auch.

Sehe täglich, was unter die Haube kommt, und was gegessen wird:

Kalbsgekröse in Champagner
Shrimps-Pizza
Kaviar
Briôche simple
Lattich gedämpft
Karottenauflauf
Birnenkuchen
Broccoli im Blätterteig
Seezungen-Soufflé und Erdbeeren auf Nussmasse
Steinbutt-Kranz auf Paprikaschoten
Perlhuhn und gefüllte Champignons
Fischspezialitäten vom Grill
Sauce Béarnaise mit Tomaten-Concassée
Eierküchlein Crèpes Suzette
Blauer Wackelpudding à la Pazifik
Anglerfilet im Kartoffelmantel
Wachtelpralinen mit Rosmarin
Leberparfait-Türmchen
Gratinierte Austern mit Orangen
Wachtel-Ei im Gemüsenest
Marinierte Flusskrebse im Zwergkürbis
Ziegenkäse-Bällchen auf rotem Paprika
Ingwer-Schokoladenspitz mit Himbeeren
Lauwarmer Kohlrabi
Knuspriges Zanderfilet im Kartoffelmantel auf Frühkraut
mit schwarzem Kümmel
Geeiste Avocadocreme
Bärlauchspinat
Saures Saiblingsfilet auf grünen Bohnen
Spargelnudeln mit den ersten Maimorcheln
Fogosch auf Dillgurken mit Paprika
Auberginen-Lasagne mit Basilikum
Schneeblätter mit Herzkirschen
Makkaroni-Polenta-Terrine mit Eierschwammerl-Gulasch

Gefüllte Wachteln
Rehkarée mit Wacholder
Rosenkohl und gebackene Kartoffelnockerln
Steinbutt-Chips und Tintenfisch mit Kapernbeeren
Gebratenes Goldbrassen-Filet auf breiten Bohnen
mit Artischocken
Kalbsrücken-Röllchen mit Frühlingsgemüse und Basilikum
Gebratenes Entenbrüstchen mit Chicorée und grünen Linsen
Winterglocken-Apfel
Schwarze Tinte von und mit Calamari

Nouvelle Cuisine? Nichts auf dem Teller, alles auf der Rechnung.

Jahrhundert-Koch
Paul Bocuse

Mittendrin der Begründer der Nouvelle Cuisine, Paul Bocuse, der mir geläutert ins Mikrofon spricht: »Nouvelle Cuisine? Nichts auf dem Teller, alles auf der Rechnung«, um dann wieder im reinrassigen Nouvelle-Cuisine-Tempel zu verschwinden.

Ja, Sie haben Recht – ich bin immer hautnah dran an der hohen Schule der Kochkunst. Und ich möchte Ihnen nicht vorenthalten, was ich auf all meinen Reisen, bei den vielen Empfängen gegessen habe. Tauchen Sie mit mir ein in eine kulinarische Welt, die nur ganz wenigen offen steht.

Meistens habe ich gar nicht so viel Zeit, sie zu essen. Meistens geschieht das im Stehen, aber niemals im Sitzen. Während sich die anderen am Buffet delektieren, greife ich zum Würstl. Es ist handlich und lässt sich auch spielend wegstecken, wenn der Star sich spontan zum Interview bereit erklärt. Ja, ich kenne sie alle: die Würstl dieser Welt.

Würstl mit Speck
Würstl mit Kren und Senf
Würstl nur mit Senf
Wiener Würstl mit Kartoffelsalat
Wiener Würstl mit mittelscharfem Senf
Wiener Würstl mit scharfem Senf

Wiener Würstl mit sehr scharfem Senf
Wiener Würstl mit mildem Senf
Wiener Würstl mit süßem Senf
Frankfurter
Meraner Würstl
Gegrillte Würstl
Appetit-Würstl
Pizza-Würstl
St. Johanner
Zizele
Schübling
Schwedische Pölser
Pfälzer vom Grill
Debreciner
Münchner Weißwurscht
Münchner Stadtwurst
Saure Zipfel
Abgebräunte kälberne Briesmilzwurscht
Nürnberger Schweinswürstl vom Grill
Bratwürstl mit Sauerkraut
Krainer Würstl
Weiße Würstl
Münchner Weiße
Berner Würstl
Große Bosna
Kleine Bosna
Würstl mit Saft
Aufdrahde Würschtl
A Haaße
A Eitrige
Dänische rote Würstl
Saus met Würstl aus Holland

Da sieht man, was man mit Würstl alles machen kann! Es geht immer um die Wurst. Wen wundert's, schließlich ist die Welt voller Würstl – ich habe sie alle getroffen: Die großen, aber auch die kleinen, die armen, aber auch reichen Würstl, wie auch die Queen, die von Prinzgemahl Philip liebevoll »sausage« genannt wurde, also »Würstchen«, weil sie so gerne Würstchen grillt!

Aber auch Ihre Majestät isst nicht alles. Bevor sie einen Fuß auf fremden Boden setzt, laufen monatelange Vorbereitungen, von denen die Hauptperson selbst wenig mitbekommt. Und so trifft bereits einige Wochen vorher aus dem Buckingham Palast eine sechsseitige Anweisung ein. Die Queen wünscht kein blutiges oder scharf gewürztes Fleisch und auch keine Schalentiere, da diese zu Magenzwicken führen könnten.

Weiters nicht erwünscht:

Spaghetti, da schwierig zu essen;
Tomatensoße, spritzt aufs Kleid;
Knoblauch stinkt und Brombeeren machen blaue Zähne.

Nach all' den kulinarische Eskapaden liebe ich es bodenständig: Kartoffelpüree, Spiegeleier und Spinat. Wohl bekomm's.

70 Jahre im Korsett der Pflicht

Das »Würstchen« ist kein kleines Würstchen, wenn es sich um ein royales handelt.

Am 6. Februar 2022 begeht Queen Elizabeth II. ihr 70-jähriges Thronjubiläum. Nach feiern ist ihr nicht. Dieser Tag ist mit schmerzhaften Erinnerungen verbunden: Es ist der Sterbetag ihres Vaters. Auf dem Landsitz Sandringham House in Norfolk wird König George VI. 1952 von seinem Kammerdiener tot aufgefunden.

Als die 25-jährige Elizabeth vom Tod ihres Vaters erfährt, sitzt sie mit ihrem Mann Philip im heute aufgelassenen »TREETOPS« Hotel, in einer Baumhütte im Geäst eines riesigen Feigenbaums am Fuße des 6.800 Kilometer entfernten Mount Kenia. Es ist Philip, der seiner Frau mitteilt, dass sie nun von Gottes Gnaden Königin des Vereinigten Königreiches von Großbritannien und Nordirland und ihren anderen Königreichen und Territorien, Oberhaupt des Commonwealth, Verteidigerin des Glaubens, das Oberhaupt der Church of England, ist. Er selbst avanciert zum Prinzgemahl.

König George VI. hat seine Tochter Lilibet und Philip vor dem Abflug nach Kenia noch persönlich am Flughafen Heathrow verabschiedet. Sie vertreten den an Lungenkrebs erkrankten König bei einer viermonatigen Reise durch Australien und Neuseeland mit Zwischenstopp in Kenia. Es ist das letzte Mal, dass Elizabeth ihren Vater lebend gesehen hat.

König George VI. stirbt mit 56 Jahren und Elizabeth wird als älteste Tochter Königin. Der Kommentar ihrer Schwester Margaret: »Du armes Ding.« »Ich hatte keine Ausbildungszeit«, wird Elizabeth II. später zitiert. »Regentschaft ist kein Studienfach.« Der Thronfolgerat tritt am 8. Februar im St. James-Palast zusammen. Elizabeth liest ihre Regentschaftserklärung vor und schließt mit den Worten: »Mein Herz ist jetzt zu schwer, um Ihnen mehr zu sagen, als dass ich meinem Vater nacheifern will.«

Jahrzehnte vor dem Diana-Kult ist es »Lilibet« mit den Rehaugen und der Wespentaille, die angehimmelt wird.

Elizabeth heiratet den ersten Mann, in den sie sich verliebt: Prinz Philip von Holstein-Sonderburg-Glücksburg. Vom mittellosen dänisch-griechischen Prinzen deutscher Abstammung avanciert er durch Heirat zum Herzog von Edinburgh. Als 18-Jähriger beginnt der Prinz mit der damals 13-jährigen Elizabeth Briefe auszutauschen. Es sei Liebe auf den ersten Blick gewesen, bekennt die Queen später. Für den mittellosen Prinzen ist Lilibet eine gute Partie.

Nach dem Jawort führt Philip Geschirrspülmaschinen ein, erst im Buckingham Palace, dann auf Windsor Castle.

Als Kind will Elizabeth II. einen Farmer heiraten und viele Pferde und Kinder haben. Ja, genau in dieser Reihenfolge. Viele Jahre später gibt Lilibets Ehegespons Prinz Philip Einblick in ihre Vorlieben: »Sie mag alles was Heu frisst und furzt«.

Bei der Geburt ihres ersten Kindes, Charles, bricht Elizabeth mit einer bewährten Tradition. Jahrhundertelang sind Hofdamen, Hebammen, Ärzte und Minister bei den Geburten dabei. Nur damit Sie wissen, wovon ich spreche: Bei der Geburt von James Francis Edward (Sohn von König James II.) im Jahr 1688 sollen 42 Personen als Zeugen am Bett gestanden haben. Elizabeth setzt sich mit Hilfe ihres Vaters für das Privileg der Privatsphäre bei der Geburt durch.

Elizabeth ist die längst dienende Monarchin in der britischen Geschichte. Die Regierungsdauer ihrer Ur-Ur-Großmutter Königin Victoria erreicht Queen Elizabeth bereits am 9. September 2015: 23.226 Tage, 16 Stunden und 23 Minuten.

Ein Lächeln zeigt sie selten, eiserne Disziplin schon eher. Jeder Auftritt beherrscht und gediegen. Inzwischen zweifelt keiner mehr daran, dass die Queen ohne sie erscheint, ohne ihre dreireihige Perlenkette, von denen sie gleich drei besitzt.

Als sie zur Thronfolgerin avanciert, wird eine Kette aus Perlen aus dem Familienbesitz für sie angefertigt.

Die zweite ist ein Geschenk ihres Großvaters, König George V., anlässlich seines silbernen Thronjubiläums 1935 – da ist Lilibet neun Jahre alt.

Und ein Exemplar schenkt ihr der Emir von Katar zu ihrer Krönung 1953. Alle drei, eine wie die andere, sind mit freiem Auge nicht voneinander zu unterscheiden. Jeder Versuch meinerseits bei der königlichen Pressestelle im Buckingham-Palast zu erfragen, welche es denn diesmal wohl sein wird, endet immer mit dem gleichen Ergebnis: »No comment!«

Elizabeth wird nach dem Trauerjahr, mit 27 Jahren, am 2. Juni 1953 in der Westminster Abbey zur Königin gekrönt. Elizabeth II. trägt ein weißes Satinkleid des Designers Norman Hartnell, verziert mit Elementen Großbritanniens und des Commonwealth.

Es ist ein kalter grauer Tag. Neben 2.000 Journalisten und 500 Fotografen aus 92 Nationen säumen über 130.000 Menschen die Krönungsroute. Die Queen und Prinzgemahl Philip werden in der goldenen Staatskutsche gefahren. Gezogen von den acht Schimmelwallachen, Cunningham, Tovey Noah, Tedder, Eisenhower, Snow White, Tipperary und McCreery.

Der damals 5-jährige Prinz Charles bekommt eine eigene, handgemalte Kinder-Einladung zur Krönung seiner Mutter.

Prinz Charles darf zur Feier des Tages erstmals das Haarwasser seines Vaters Philip benutzen – und lässt die Hofdamen testen, ob man es auch rieche.

27 Millionen Zuschauer verfolgen das Spektakel via Bildschirm. »God Save The Queen!« erschallt allerorts.

Seit der Hochzeit mit der künftigen Königin und noch mehr seit ihrer Krönung am 2. Juni 1953 ist Philip in erster Linie »der Mann der Queen«. Und das ist zweifellos nicht immer leicht, schon gar nicht für jemanden, der als selbstbewusst und abenteuerlustig beschrieben wird.

Die erste Ehekrise lässt nicht lange auf sich warten. Elizabeth verfügt, ihre Kinder tragen nicht Philips Familiennamen, sondern den der Windsors.

Im Jahr der Krönung gibt Prinz Philip seine aktive Karriere bei der Marine auf und lernt das Fliegen, das zu seiner Leidenschaft wird. Bis 1997 hebt er mit 59 verschiedenen Flugzeugtypen ab. Zudem beschäftigt er sich mit Polo, Segeln und Pferdekutschenrennen. Außerdem malt und sammelt er, unter anderem Cartoons.

Ach ja, nicht zu vergessen: Neben Charles und Anne sorgt Philip für einen doppelten Thronfolgerersatz: Andrew und Edward.

Für die Queen spielt sich das Leben zwischen Pflicht und Leidenschaft ab. Nur einmal zeigt sie Emotionen.

Als der königliche Luxusdampfer »BRITANNIA« am 11. Dezember 1997 unter Anwesenheit der königlichen Familie in den wohlverdienten Ruhestand versetzt wird, entkommt ihr eine Träne. Ich muss schon sehr genau hinschauen, dass ich die Träne über ihre Wange kullern sehe.

Einmal gerät die Monarchie so richtig ins Wanken. Es ist der 31. August 1997 als Diana, ehemals Prinzessin von Wales, und ihr Freund Dodi Al Fayed bei einem Autounfall in Paris tödlich verunglücken. Die kollektive Massentrauer erlebt ihre Premiere. Das Niederlegen von Blumen gleicht einem Ritual. Ein Blumenmeer erstreckt sich vor dem Kensington Palast, Dianas Wohnsitz. Es scheint, als weine die ganze Welt um Diana und Dodi. Das ganze Land trauert, die Windsors schweigen – keine öffentliche Würdigung Dianas durch Charles oder gar die Queen. Die Öffentlichkeit fordert mehr. Die Schlagzeilen in den Medien zeigen nach fünf Tagen Wirkung: Die Queen spricht.

15 Premierminister hat sie erlebt – von Winston Churchill bis Boris Johnson – 14 davon hat sie selbst ernannt. Die meisten kann sie parodieren – allerdings tut sie das nur hinter geschlossenen Palasttüren.

Eine politische Meinung hat sie vielleicht, darf sie aber nicht äußern. Sicher hat die vierfache Mutter als einziges Mitglied der Königsfamilie eine Goldene Schallplatte: Vom Konzert »Party at the Palace« zu ihrem goldenen Thronjubiläum im Juni 2002 wurden 100.000 Exemplare verkauft.

Die Queen hat noch nie ein Interview gegeben. Das ist gewissermaßen Teil ihres Charmes. Sie ist zweifelsohne die berühmteste Frau der Welt. Viele haben eine genaue Vorstellung, wie die Queen ist. Aber niemand weiß es wirklich. Da ist ein große Geheimnis um sie.

Die Queen hat noch nie ein Interview gegeben. Das ist gewissermaßen Teil ihres Charmes.

Die Queen als Aushängeschild der britischen Monarchie. Es ist ein öffentliches Leben und es gibt kaum Einblicke in ihren Privatbereich. Wenn da nicht die Biographie »Elizabeth the Queen: The Life of a Modern Monarch« von Sally Bedell Smith wäre. In diesem Buch verrät Lady Pamela Hicks, die Cousine der Queen, das Geheimnis um die getrennten Schlafgemächer von Lilibet und

Philip. »Englands Oberschicht hat immer getrennte Schlafzimmer. Keiner möchte durch Schnarchen oder durch unruhige Beine belästigt werden. Wenn sie wollen, können sie sich in ein Zimmer zurückziehen. Aber wenn eine Monarchin nicht weiß, wie sie dem ›Flying-Leg-Syndrom‹ entkommen kann, wer dann?«

Dabei ist die Queen sehr sparsam. Sie löscht höchstpersönlich im Palast die Lichter aus, trägt ihre Kleider öfter als nur einmal, wie ihr Krönungskleid, das sie bereits sechs Mal getragen hat, und lässt ihre zahlreichen Hüte immer und immer wieder umarbeiten. Ihr vertrauter Hutmacher Philip Somerville kennt den Spartick der Queen, daher sind bei jedem Hut mehrere Hutnadeln – jeweils überzogen mit dem Stoff des Hutes – ein Muss. Eines Tages spricht er sie darauf an: »Majestät, möchten Sie diese Hutnadeln unbedingt, das ist doch lästig?« Doch die Queen lässt sich nicht beirren: »Es muss sein, dadurch habe ich noch nie einen Hut verloren.« Was angesichts des bescheidenen Haushaltsgeldes der Queen ja wahrlich eine Katastrophe wäre.

Was sie alles nicht darf, ist im Hofprotokoll festgehalten: Es gilt als eines der strengstens der Welt. Ihre Kleidung darf keine zweideutige Botschaften aussenden, auch die Rocklänge ist geregelt. Pelz tragen geht gar nicht. Keine Erscheinung unserer Zeit, sondern Edward III. hat dies bereits im 12. Jahrhundert geregelt.

Sie muss alle Geschenke annehmen. Ablehnen geht nicht. Und so muss sie auch die stürmischen Haflinger, die Queen Elizabeth 1969 beim Staatsbesuch in Österreich als Gastgeschenk bekommt, mit Freuden entgegennehmen, obwohl diese gleich nach ihr ausschlagen. »Ich habe den Staatsbesuch sehr genossen«, lässt sie später ausrichten.

Ihre Beständigkeit ist kein Lippenbekenntnis. Die Lippen schminkt Ihre Majestät in Balmoral Rouge, dem anlässlich ihrer Hochzeit kreierten und seither nie gewechselten Farbton. Von ihrer Einheitshaarfarbe »Chocolate Kiss« hat sie sich inzwischen verabschiedet und trägt jetzt Grau. Sie muss so aussehen wie auf den Geldscheinen und Münzen, daher trägt sie seit Jahrzehnten die gleiche Frisur.

Unbeirrt erfüllt Lilibet ihre königliche Pflicht – auch wenn das familiäre Glück der Windsors zerbricht, Skandale und Affären das Königshaus erschüttern.

»Hätte die Queen nur halb so viel Sorge auf die Erziehung ihrer Kinder aufgewendet, wie sie der Aufzucht ihrer Pferde angedeihen ließ, hätten wir heute nicht dieses Chaos«, tuschelt es hinter den Palastmauern. Sie ist die einzige, die der Pferde wegen zum Rennen nach Ascot kommt. Alle anderen wollen die Queen sehen. Die 50-Pence-Münze zum 70-jährigen Thronjubiläum zeigt die Monarchin fest im Sattel. Noch Fragen?

Die größte Verfehlung, die man Ihrer Majestät nachweisen kann, ist im »Sunday Mirror« zu lesen. Unter der Schlagzeile »Die Killer-Queen« zeigt ein Foto Elizabeth, wie sie einem verletzten Fasan bei einer Jagd den Hals umdreht. Die Untertanen finden ihr Verhalten abscheulich.

Wenn es um das Wohl ihrer Kinder geht, haben Eltern meist das letzte Wort. Bei den britischen Royals ist das aber etwas anders. Sie haben kein Sorgerecht für ihre eigenen minderjährigen Kinder. Das hat der Souverän, also Queen Elizabeth II.

Der Grund für diese Reglung geht auf das Jahr 1717 zurück: Das Gesetz wurde während der Regierungszeit von König George I. erlassen. Es ging um die Kontrolle des Königs über die Ausbildung, die Erziehung und die Hochzeit seiner Enkelkinder. George I. tat es, weil er eine sehr schlechte Beziehung zu seinem Sohn, dem zukünftigen König George II. hatte. So sollte der Fortbestand der Monarchie gewährleistet bleiben.

Elizabeth II. hat ein sehr inniges Verhältnis zu all' ihren Kindern, Enkeln und Urenkeln, daher wird sie mehr als Ratgeberin einbezogen. Bei längeren Reisen muss die Königin aber immer noch um Erlaubnis gefragt werden. So einfach hebelt man kein royales Gesetz aus.

Ihr 70-jähriges Thronjubiläum wird vom 2. bis 5. Juni 2022 offiziell gefeiert. Erstens ist das Wetter besser und zweitens sind gerade Sommerferien. Da hat das Volk genügend Zeit für ausgelassenes feiern. Das Platin-Jubiläum Ihrer Majestät ist ein wahrhaft historisches Ereignis. An dieses Fest wird man sich erinnern.

Nicht mehr an ihrer Seite ist Prinzgemahl Philip. Er ist kurz vor seinem 100. Geburtstag am 9. April 2021 gestorben. 74 Jahre stand er als Ehemann im Schatten seiner Herzensdame.

Im Dienste Ihrer Majestät zu stehen, sah Prinzgemahl Philip als seine größte Leistung an. Wenn Philip hinter seiner Frau hergegangen ist, ihr, der

Königin, aus der Kutsche geholfen oder ihr vor Treppenstufen den Arm gereicht hat, sah er jedenfalls aus wie ein Mann, der mit seiner Rolle neben der britischen Monarchin ausgezeichnet zurecht gekommen ist.

Philip lebte an der Seite einer äußerst pflichtbewussten Frau, die ihn »meine Stärke und meinen Halt in all den Jahren« nennt.

Geht es um den Fortbestand der Monarchie, erzählt man sich gerne die Legende von den Raben, die im Tower of London leben, betreut von einem eigens angestellten Rabenwärter. Denn sollten die Raben verschwinden, wäre das der Untergang der britischen Krone.

Wer nach ihr kommt, ist genau geregelt. Sohn Charles, Enkel William und Urenkel George stehen für die Thronfolge bereit.

Camilla, sie hat es geschafft. Anlässlich ihres 70-jährigen Thronjubiläums hat die Queen Camilla als »Queen Consort« bestätigt, sollte Charles einmal ihr Nachfolger sein.

Bei der Verlobung mit Charles im Februar 2005 hieß es aus dem Palast »dass Frau Parker-Bowles den Titel HRH The Princess Consort verwendet, wenn Charles König ist«. Das Verhältnis war mehr als angespannt. Charles heiratet seine Camilla – von Diana zu Lebzeiten mehr oder minder liebevoll mit dem Kosenamen »Rottweiler« bedacht – am 9. April 2005. Inzwischen hat sich die Queen mit Camilla arrangiert.

Aber noch hält Elizabeth II. das Zepter fest in der Hand. Bei ihrer Krönung verspricht sie: »Ich werde dienen, ein Leben lang.« Anlässlich ihres 70. Thronjubiläums erneuert sie dieses Versprechen – und das nimmt sie sehr wörtlich.

Bei einem Spaziergang im Park des schottischen Familiensitzes Balmoral sinniert Queen Elizabeth II.: »Man kann viel bewirken, wenn man richtig zur Monarchin erzogen worden ist; und ich hoffe, dass ich richtig erzogen worden bin.«

Ein Thronfolger in Warteposition

Die Gratulationen der beiden Prinzen William und Harry fallen eher bescheiden aus, als die Queen ihre Stiefmutter Camilla zur »Queen Consort« macht, sollte Papa Charles es doch noch auf den Thron schaffen. Freundliche Gesten waren in der Vergangenheit eher selten. Sorgte doch das Dreiergespann Charles – Diana – Camilla für viel Aufsehen und vor allem bei Diana für viel Tränenvergießen. Die jungfräuliche Diana wird vom Königshaus auserkoren, um einen Thronfolger zu gebären. Nicht mehr, nicht weniger! Charles hat nie von seiner Camilla gelassen.

Als Diana ihren Ehemann Charles einmal wegen Camilla zur Rede stellt, antwortet er lapidar: »Wenn es Camilla nicht in meinem Leben gäbe, wäre ich der erste Prinz von Wales in der Geschichte, der keine Mätresse gehabt hätte.« Oder wie es Autor Raymond Carr einmal beschrieb: »Ehebruch ist der Zeitvertreib der britischen Aristokratie.«

Das war einmal… Heute ist Charles ein graumelierter Windsor, der in der Warteschleife kreist, um als Monarch den Thron zu erklimmen. Bei der Hochzeit von Charles und Camilla war ich dabei. In Windsor, wo mit nur ganz wenigen Ausnahmen, alle Bewohner des Ortes im Dienste Ihrer Majestät stehen, fand am 9. April 2005 dieses Ereignis statt.

Schloss Windsor hat eine lange Tradition als Trauungsstätte. Die erste Adelshochzeit findet am 29. Jänner 1121 statt.

Der verwitwete Normannen-König, Henry I., heiratet Adelheid von Löwen. Im 19. Jahrhundert wählt Queen Victoria Windsor Castle zu ihrer Hauptresidenz. Begeistert vom »englischen Versailles« macht sie den heiratswütigen Adeligen Schloss Windsor als Hochzeitslocation schmackhaft.

Doch dann 1992: Feuer unter dem Dach bei den Windsors. Ehekrisen, Trennungen, Scheidungen und dann steht auch noch Schloss Windsor am 20. November, dem 45. Hochzeitstag der Queen, in Flammen.

Nach fünfjähriger Renovierungszeit erobert das Schloss seinen Ruf als Schauplatz romantischer Eheschließungen aufs Neue.

Thronfolger Charles heiratet am 9. April 2005 seine Camilla. Die Hochzeit ist für den 8. April geplant. Doch mit Rücksicht auf das Begräbnis des kurz zuvor verstorbenen Papst Johannes Paul II. wird die Trauung sehr spontan um einen Tag verschoben. Natürlich bin ich schon vor Ort. Somit heißt es, alle Termine verschieben. Alle Schnitttermine neu organisieren.

SIEG FÜR DIE LIEBE

Charles heiratet seine Jugendliebe Camilla. Windsor ist im Ausnahmezustand, alle Fensterplätze mit Blick zum Schloss sind an Fernsehstationen verkauft. Ich bin in Windsor, um für den ORF zu berichten. Bei den Liveeinstiegen ist hinter mir das Schloss prächtig zu sehen. Was unentdeckt bleibt: Unser angemieteter Fensterplatz entpuppt sich als kleines Badezimmerfenster, knapp unter der Zimmerdecke. Ich muss auf der Toilette stehen. Die Hochzeitsgesellschaft wäre nicht zu sehen gewesen, wäre ich auf dem Boden geblieben. Soviel zur Bodenständigkeit in der Adelsberichterstattung…

Viele Menschen fallen, wenn sie die Queen treffen, in Ohnmacht.

Prinz William

Auch die Queen ist zur Hochzeit gekommen, obwohl sie sich zuerst zierte. Dennoch hat sie dem Heiratswunsch ihres Sohnes nachgegeben, wohl weil ihr der Gedanke unerträglich war, Charles könnte einmal mit einer Mätresse an seiner Seite das Land repräsentieren.

Eine kleine Person ist sie, die Queen: Körpergröße 163 Zentimeter. Als ich ziemlich nahe von Schloss Windsor von der Hochzeit live berichte, fallen mir auch die Worte ihres Enkelsohns William ein: »Viele Menschen fallen, wenn sie die Queen treffen, in Ohnmacht. Das ist ein ziemlich erschreckender Moment und man weiß nicht so richtig, was man dann machen soll.« Also ich habe den Anblick der Queen samt ihrem Gefolge unbeschadet überstanden.

Camilla hat sich inzwischen gut in die Firma – wie der Buckingham Palast genannt wird – integriert. Und nicht nur die Queen hat sich an Camilla gewöhnt. Fast auf den Tag genau zwölf Jahre später, am 5. April 2017, stehe ich mit Kamerateam am Flughafen Wien-Schwechat und warte auf die

Ankunft von Thronfolger Charles und Camilla. Die Reise nach Österreich gilt als »Brexit-Charmeoffensive«.
In Großbritannien selbst sieht man die aufwändige Reise des royalen Paares und seiner Entourage allerdings mit gemischten Gefühlen. Die Botschaft, die man aussenden wolle, ist laut BBC klar: »Großbritannien verlässt die EU, aber wir verlassen nicht Europa.« Im Rahmen einer Europareise, die sie nach Rumänien, Italien und den Vatikan führt, kommen der Prinz von Wales und die Herzogin von Cornwall auch nach Wien. Vom 5. bis 6. April werden sie in der Bundeshauptstadt zu Gast sein.

Bundespräsident Alexander Van der Bellen tweetete ein offizielles Schreiben, in dem der royale Besuch angekündigt wird.

»Die britische Regierung hat den Prinzen von Wales [aka* Prinz Charles] und die Herzogin von Cornwall [aka* Camilla] gebeten, zwischen dem 29. März und dem 6. April 2017 Europa zu besuchen. Die Tour wird in Rumänien beginnen – der Prinz wird Bukarest und die umliegenden Gebiete vom 29. bis zum 31. März besuchen. Der Prinz und die Herzogin werden anschließend von 31. März bis 4. April Termine in Italien und im Vatikan wahrnehmen und von 5. bis 6. April in Wien verweilen«.

Es ist nicht der erste Besuch der beiden in Österreich. Schon 2003 besuchten sie die Salzburger Festspiele – allerding noch nicht als Ehepaar, was damals für viel Getuschel sorgte.

Mit dem Besuch von Kronprinz Charles werden Erinnerungen wach. Denn fast auf den Tag genau (am 14. April 1986), vor 31 Jahren, war Charles mit Diana in Wien. Der Anlass für den zweitägigen Aufenthalt sind die »Britischen Wochen« in Wien. Die royalen Fans lassen sich diesen Besuch nicht entgehen und warten seit Stunden, um einen Blick auf Charles und Diana zu erhaschen. Das Medienaufkommen ist enorm. 250 Journalisten – von Großbritannien bis Nigeria – haben sich akkreditieren lassen. Der damalige Bürgermeister Helmut Zilk zeigt sich begeistert: »Der Besuch des Prinzen und der Prinzessin von Wales ist für Wien nicht nur eine besondere Ehre, sondern in mehrfacher Hinsicht auch von großer Bedeutung.«

** also known as – auch bekannt als*

2.000 Polizeibeamte sind abgestellt, um für die Sicherheit zu sorgen. Immer wieder ändert Diana den protokollarischen Ablauf, indem sie spontan auf die Menschen zugeht, um Hände zu schütteln. Charles spielt bei diesem Besuch sowieso nur eine Nebenrolle. Keiner kümmert sich um ihn, alles dreht sich um seine Diana.

Der damalige BBC-Korrespondent Michael Cole hat Diana rund um die Welt begleitet. Er hat mir erzählt, dass in Wien zum ersten Mal die Ehekrise deutlich wurde: »Ich sah sie in Wien ›Am Heumarkt‹ und ›Am Graben‹, jeder wollte mit ihr reden. Prinz Charles sagte: ›Warum wollen alle nur meine Frau sehen?‹ Die Menschen drängten sich auf die Seite, wo Diana die Hände schüttelte. Er war außer sich, warum die Menschen Diana sehen wollten und nicht ihn. Das hat er nicht verstanden. Ein normaler Mann würde sich freuen, wenn seine Frau in der Öffentlichkeit so beliebt ist. Prinz Charles war empört, er war eifersüchtig. Warum die Menschen in Wien und auf der ganzen Welt Diana treffen wollten? Weil sie ein besonderer Mensch war.«

Beim Staatsbankett passiert dann das, was uns bis heute schmunzeln lässt. Es kommt zum Toast – alle stehen auf, nur zwei bleiben sitzen: Charles und Diana – hilfesuchende Blicke. Diana steht auf und wirft den Stuhl um, errötet und bekommt Applaus für dieses Hoppala. Das Gastgeschenk damals: Lederhosen für ihre beiden Söhne William und Harry.

Die Windsors, eine Großfamilie, die schon viele Höhen und Tiefen erlebt hat. Vor allem Diana: Das PR-Trauma der vier lebenden Windsor-Generationen. Seit die Tochter der englischen Uradelsfamilie Spencer erst ihren Mann vor den Kameras der Welt an die Wand spielte, dann das Ende ihres Ehedramas weiter vor laufender Kamera inszenierte und schließlich Paparazzi anlockend und von Paparazzi verfolgt tragisch verunglückte, beherzigt das königliche Presseteam vor allem ein Leitmotto: Never ever again.

Diesmal kommt Thronfolger Charles mit Ehefrau Camilla zum 24-stündigen offiziellen Besuch. Pünktlich um 15 Uhr 35 landet die Royal Airforce. Im Konvoi britische Medienvertreter und jede Menge Sicherheitspersonal. Ich begleite sie als einziges Kamerateam rund um die Uhr und das heißt wirklich rund um die Uhr.

Clarence House in London hat die Details zum Besuch am 5. und 6. April 2017 bekannt gegeben. Auf dem Programm stehen unter anderem:

Ein Treffen mit Bundespräsident Alexander Van der Bellen.

Ein Besuch beim Wiener Musikverein, wo Ihre Königlichen Hoheiten einer Probe der Wiener Philharmoniker beiwohnen und im Anschluss Originalmanuskripte, etwa von Mozart oder Brahms, aus dem Archiv des Musikvereins besichtigen werden.

Ein Besuch in der Spanischen Hofreitschule.

Ein Besuch bei einem Bio-Heurigen, wo Ihre Königlichen Hoheiten Details über die österreichische Weinproduktion erfahren werden.

Ein Besuch bei der Organisation für Sicherheit und Zusammenarbeit in Europa, wo Seine Königliche Hoheit an Diskussionen über die Bekämpfung moderner Sklaverei und Toleranz teilnehmen wird. Dabei wird auch die Kooperation zwischen dem Vereinigten Königreich und Österreich in der Bekämpfung von internationalem Menschenhandel thematisiert werden.

Nach der Ankündigung erklärte der britische Botschafter in Österreich, Leigh Turner: »Das Besuchsprogramm Ihrer Königlichen Hoheiten spiegelt die Vielfalt und Stärke der Beziehungen zwischen dem Vereinigten Königreich und Österreich wider. Diskussionen über gemeinsame bilaterale Anliegen stehen ebenso auf der Agenda wie Gelegenheiten, Wiens einzigartiges Kulturerbe zu erleben.«

Wir können derzeit keine weiteren Auskünfte zu dem königlichen Besuch geben. Die persönliche Sekretärin des Paares, Mrs. Natalie Forster, begrüßt mich und stellt mich dann Camilla, Herzogin von Cornwall, und Kronprinz Charles vor. Die beiden wissen einiges über mich – ich bin ganz erstaunt.

Gleich geht‘s zum ersten Termin in die Wiener Innenstadt, ins Traditionscafé Demel. Direkt im Eingangsbereich sitzen Gäste wie zufällig an der Bar. Doch das kann ich mir aus Sicherheitsgründen nicht vorstellen. Alle Sicherheitsvorkehrungen, alle Absperrungen – das Hofprotokoll dient einzig und allein der Abschottung zu den Bürgern.

Und ich sollte recht behalten. Alles Statisten, denen der richtige Umgang mit den royalen Gästen im Vorfeld beigebracht wurde. Auch die Demelinerinnen, die Zuckerbäckerinnen und der Chefkonditor sind gebrieft, wie sie die Herstellung der Köstlichkeiten erklären, ohne das Geheimnis der Zubereitung preis zu geben. Die royalen Gäste interessieren sich für die Süßigkeiten, die schon Kaiserin Sisi dereinst zu schätzen wusste.

Mit Apfelstrudel gestärkt, werden sie anschließend zum Empfang in die Hofburg chauffiert, wo unser Bundespräsident bereits auf sie wartet und alle hinter der berühmten Tapetentür verschwinden. Im Mittelpunkt des Besuches stehen die Beziehungen zwischen dem Vereinigten Königreich und Österreich. Und dann gleich gegenüber: Empfang beim Bundeskanzler. Seine königliche Hoheit, der Prinz von Wales und Ihre königliche Hoheit, die Herzogin von Cornwall, sind seit 17 Uhr 45 im Bundeskanzleramt. Die Termine werden im Laufschritt absolviert.

Jetzt bleibt kurz Zeit zum Umziehen für das Galadinner in der Wiener Hofburg. Das Kamerateam und ich erledigen das im Auto. Auch wenn wir schon so gewisse Kniffs kennen, ist diese Umzieh-Aktion in aller Öffentlichkeit nicht ganz ungefährlich, wenn man keine nackten Tatsachen liefern möchte.

Am Eingang der Wiener Hofburg warten wir auf die Gäste aus Kultur, Politik und Gesellschaft – böse Zungen behaupten, die Gäste dienen nur als Platzhalter. Auch die britische Designerin Vivienne Westwood mit ihrem Tiroler Gatten Andreas Kronthaler ist geladen. Vivienne Westwood: »Ich bin extra aus London für dieses Galadinner angereist. Ich bin ein großer Fan von Prinz Charles.«

Auf alle wartet ein festliches Essen, mit allem Prunk veranstaltet und in alten Zeremonien zelebriert, bietet es eine treffliche Gelegenheit den fremden Gästen zu imponieren. Nur der Gin sollte von Hendrick's stammen. Das »Quellwasser der Diplomatie« schützt unter anderem auch vor Magen-Darm-Problemen.

Getafelt wird vornehm. Im Blickfeld die Kaiserserviette. Bei einer anderen Gelegenheit konnte ich die Beschließerin Ingrid Salzer interviewen, die auch die Hüterin des größten Geheimnisses der Faltung ist. Ingrid Salzer: »Die Kaiserserviette verwenden wir nur, wenn Österreich Staatsbesuch hat, wenn ein Monarch zu Besuch ist oder ein Staatspräsident. Das große Geheimnis ist die Faltung, richtig heißt es, eine Serviette wird gebrochen. Die Faltung der Kaiserserviette wird nur mündlich überliefert, immer von einer Kollegin zur anderen. Es gibt keine schriftlichen Aufzeichnungen darüber. Bei der Kaiserserviette erspart man sich den Brotteller, da man in die Nischen der Serviette das Jourgebäck gibt.« Auch interessant, die Antwort auf meine

Wenn es Camilla nicht in meinem Leben gäbe, wäre ich der erste Prinz von Wales in der Geschichte, der keine Mätresse gehabt hätte.

Prinz Charles

Frage, warum das Leinen aus kaiserlicher Zeit in solch' einem guten Zustand ist. »Weil damals noch nicht gedüngt wurde.«

Der Bundespräsident hat den von ihm ausgegebenen Dresscode »Black Tie«, also Smoking, offenbar falsch interpretiert oder falsch ausgelegt, aber mit Sicherheit nicht eingehalten. Statt Smoking trägt er nämlich Anzug und Krawatte. Mmmh, ein modischer Fauxpas.

Noch ein Hofknicks und dann ab ins Bett.

Wie sich das Morgenritual bei Charles und Camilla gestaltet, verrät Butler Paul Burrell in der Amazon Prime-Dokumentation »Serving the Royals: Inside the Firm« vom Jänner 2022.

»Sein Pyjama wird jeden Morgen gebügelt. Auch seine Schnürsenkel werden mit einem Bügeleisen glatt gebügelt. Beim morgendlichen Bad hat das Wasser lauwarm und die Wanne nur halbvoll zu sein.« Dass er penibel ist, ist bekannt: Der Badewannenstöpsel muss in eine bestimmte Richtung zeigen, das Badetuch richtig arrangiert werden und die Unterwäsche muss faltenfrei sein.

Am nächsten Tag im Wiener Musikverein auch ein modisches Hoppala. Der weltberühmte Dirigent Christian Thielemann zeigt sich bei der Probe von Beethovens »Neunte Symphonie« mit den Wiener Philharmonikern äußerst leger. Den letzten Satz der Symphonie, den die europäische Gemeinschaft 1985 zu ihrer offiziellen Hymne erklärt hat, lassen die Musiker einfach aus. Ungeklärt, ob es ein Zufall oder eine subtile »Brexit«-Botschaft ist.

Dann komme auch ich – nicht nur die noblen Gäste – in den Genuss, Handschriften von Wolfgang Amadeus Mozart und Johannes Brahms aus dem Archiv des Musikvereins zu sehen.

Ein Besuch der Spanischen Hofreitschule folgt. »Schon 1969 war Prinzessin Anne bei uns (sie war Schülerin der Spanischen Hofreitschule) und ist sogar auf einem Lipizzaner geritten. Fast 50 Jahre später wieder einen Besuch des Königshauses zu bekommen, ist für uns daher eine besondere Freude – insbesondere da die königlichen Gäste überaus pferdekundig sind«, freut sich Generaldirektorin Elisabeth Gürtler. Die Royals seien selbst begeisterte Reiter.

In der Wiener Hofreitschule werden die Lipizzaner getätschelt, beim Bioheurigen wird Wein verkostet. Alles könnte so schön sein, wenn da nicht die britische Presse wäre, die die Reise kritisiert: Dass die beiden Royals unter anderem von ihrem Leibarzt, einem Künstler, der die Reise in Bildern festhält, und dem persönlichen Hairstylisten der Herzogin begleitet werden.

Den Abschluss der Reise bildet der Empfang in der Britischen Botschaft, wo Charles und Camilla sich im Smalltalk abarbeiten.

Die Gäste sind in drei Räume aufgeteilt, Camilla beginnt im linken, Charles im rechten Raum, um sich dann im mittleren zu treffen. Pro Gast höchstens zwei Sätze und ein freundliches Lächeln. Die wichtigste Verhaltensregel: Bitte nicht berühren!

FAZIT DIESER REISE:

Alles in allem sehr erfolgreich. Auch kulinarisch hat es ihnen sicher gefallen bei uns, modisch gesehen gibt's da noch die eine oder andere Nachjustierung, wenn royaler Besuch angesagt ist. Aber das ist eine andere Geschichte.

Harry, der ewige Zweite

Aufgefallen ist es mir schon bei »Trooping The Colour«, der Geburtstagsparade der Queen am 8. Juni 2019. Da steht sie beim »RAF flypast« in der zweiten Reihe auf dem Balkon des Buckingham Palastes und fühlt sich gar nicht wohl. Die Rede ist von Meghan, der Herzogin von Sussex, seit 19. Mai 2018 die Ehefrau von Prinz Harry. Während alle still stehen, dreht sich Meghan zu Harry um und redet mit ihm. Er gibt ihr mit einem Zeichen zu verstehen, dass sie nach vorne schauen soll. Sie dreht sich erneut sprechend zu ihm um. Da ist seine Reaktion schon heftiger, er weist sie erneut zurecht und sie wendet sich erbost von ihm ab.

Ich sitze im Studio im Wiener ORF-Zentrum, dort bin ich bei der Live-Übertragung als Gast eingeladen. Lampenfieber habe ich keines. Eine bestimmte Grundnervosität ist da, wie ich sie immer vor Live-Sendungen habe. Zum 13. Mal sehe ich die Truppen Ihrer Majestät an mir vorüberziehen. Elizabeth II., die 41. Monarchin seit den Tagen Wilhelm des Eroberers, verkörpert vollendete Beständigkeit. Diese Frau hält das Kunstwerk Großbritannien zusammen – mit piepsiger Stimme und bizarrem Modegeschmack, ohne Studium, aber mit Stil und Tradition.

Mit 41 Salutschüssen wird ihr Geburtstag am 21. April alljährlich bekanntgegeben. Aber schon seit fast zwei Jahrhunderten werden die Geburtstage britischer Monarchen offiziell im Juni gefeiert, weil man sich um diese Jahreszeit besseres Wetter verspricht.

Im Verlauf der 70-jährigen Regentschaft von Queen Elizabeth wird die Parade nur zweimal abgesagt: 1955 während eines Eisenbahnerstreiks und 2020 aufgrund der Corona-Krise. 2021 fand sie ebenfalls wegen Corona in reduzierter Form auf Schloss Windsor statt. Erstmals hat die heutige Queen 1947, noch als Prinzessin, an der Geburtstagsparade in Vertretung ihres Vaters teilgenommen.

Und als Königin gilt die Militärparade »Trooping the Colour« jetzt ihr. Jedes Jahr das gleiche Spektakel, das kein Hollywoodregisseur besser in Szene setzen könnte. Jedes Jahr das gleiche Zeremoniell. Die Militärparade geht auf einen Brauch aus früheren Zeiten zurück, als sich die Soldaten vor der Schlacht um ihre Fahne scharten.

Sie ist eine hervorragende Reiterin. Sie hat eine wunderbare Art, mit Pferden umzugehen.

Prinz Charles

Bis 1986 nimmt die Königin hoch zu Ross, auf einer Rappstute, die sie von der Royal Canadian Mounted Police erhalten hat, und elegant im Damensitz die Parade ab. »Sie ist eine hervorragende Reiterin. Sie hat eine wunderbare Art, mit Pferden umzugehen.«, schwärmt Prinz Charles

Ein Novum, denn normalerweise erscheint die königliche Familie bei »Trooping the Colour« mit Schimmeln. Dann geht ihre Lieblingsstute »Burmese« in Pension. Die Queen nimmt von nun an die Kutsche. Mit einem neuen Pferd möchte sie den komplizierten Ablauf der Parade nicht mehr einüben. Seit die Queen nicht mehr mit »Burmese« an der Parade teilnimmt, trägt sie keine Uniform mehr, sondern ihre Alltagsgarderobe. Am Revers die Brosche all‘ ihrer Regimenter. Praktisch, denn seit dem frühen 18. Jahrhundert wird jedes Jahr eine andere militärische Einheit ausgewählt, die sich dem Monarchen beziehungsweise der Monarchin zum Geburtstag präsentieren darf und da muss die Brosche nicht gewechselt werden.

Gewechselt wird die Garderobe der Queen, denn der Kleidung der Queen kommt eine besondere Bedeutung zu. Jedes Mal schließen wir im Live-Studio Wetten ab, in welcher farbenfrohen Garderobe die Queen wohl diesmal erscheint. Der Grund ist in einer Anekdote überliefert: »Ich kann nicht Beige tragen, weil die Leute dann nicht wissen würden, wer ich bin.« Fröhlich bunt ist sie in einer Menschenmenge leicht zu erkennen. Erlebe die Queen in Lila (2006), in Lindgrün (2007), in Türkis (2008), in kräftigem Hellblau (2009), in Flieder (2010), in Hellblau (2011), in Gelb (2012), in Königsblau (2013), in hellem Lindgrün (2014), in Lachsrosa (2015), in Giftgrün (2016), in Hellblau (2017), in Himmelblau (2018) in Gelb-Rosa-Wollweiss (2019) und in Blasslila (2021). 2022 lässt sich die Queen zum ersten Mal vertreten.

Während der Live-Sendung heißt es minutiös auf eine bestimmte Uhrzeit hin zu kommentieren. Es ist wie immer. Pünktlich mit dem Elf-Uhr-Glockenschlag vom Horse-Guards-Gebäude trifft die Königin mit ihrer Kutsche, vom Buckingham Palast kommend, mit ihrer Kavallerie-Eskorte auf dem Platz ein. The same procedure as every year. Auf die Sekunde genau immer der gleiche Ablauf: Über 1.400 Soldaten, 200 Pferde, die vereinigten Musikkapellen der Garde-Regimenter, 400 Musiker und Trommler und 113 Befehlsworte vom kommandierenden Offizier.

Die Geburtstagsparade dauert rund drei Stunden. Eine echte Herausforderung für die Mitglieder des Militärs, heuer der »Household Division«. Natürlich habe ich mir Gedanken gemacht, wie das die Queen macht – ohne das Problem anzusprechen. Doch ich konnte von einem meiner Informanten erfahren, dass die Queen von ihrer Nanny Clara Knight gelernt hat, wie langes Ausharren funktioniert. Denn die bringt ihr von klein auf bei, den Besuch des »Stillen Örtchens« in den Griff zu bekommen. Wenn Lilibet dem Drang stundenlang widerstehen kann, gibt's zur Belohnung Kekse. Eine süße Belohnung, die, pardon, sauer aufstößt ...

Wenn Lilibet dem Drang stundenlang widerstehen kann, gibt's zur Belohnung Kekse ...

Das Publikum muss bei »Trooping The Colour« noch länger still sitzen. Denn mindestens eine Stunde vor Beginn muss jeder Besucher seinen Platz eingenommen haben. Bereits zu Jahresbeginn kann sich jeder um ein 35 Pfund teures Ticket bewerben. Diesmal soll das Interesse besonders groß gewesen sein. Erwartet man doch den ersten offiziellen Auftritt von Prinz Harry mit Herzogin Meghan nach der Geburt von Master Archie (6. Mai 2019) zum Schlussbild auf dem Balkon des Buckingham-Palastes.

Und da ist die königliche Familie wie an jedem zweiten Samstag im Juni um 14 Uhr versammelt und sieht der Military Airshow »RAF flypast« zu. Und wenn zum Abschluss »God save the Queen« ertönt, heißt es stillstehen. Ja, und das behagt Meghan gar nicht ...

Zum ersten Mal höre ich von Gerüchten über Meghan, die auch in der Öffentlichkeit diskutiert werden: Sie möchte nicht in der zweiten Reihe stehen, sie möchte mit Herzogin Catherine gleichgestellt sein. Ein Unterfangen ohne Happy End. Denn Catherine ist die Ehefrau des zukünftigen Thronfolgers, nach Kronprinz Charles.

Prinz Harry ist das gewohnt. Seit seiner Geburt spielt Prinz Henry Charles Albert David, wie Harry mit vollständigem Namen heißt, stets die zweite Geige. Immer musste er seinem älteren Bruder den Vortritt lassen. Denn Prinz William zieht als zukünftiger König von England die ganze Aufmerksamkeit auf sich. Auch sein Vater und seine Großmutter Queen Elizabeth verbringen mehr Zeit mit William, um ihn auf sein späteres Amt vorzubereiten. Aus diesem Grund fühlt sich Harry als Kind und auch später als Jugendlicher oft zurückgesetzt und sehr allein gelassen. Die einzige Person, die nie einen Unterschied zwischen ihm und William machte, war seine Mutter Diana. Die Prinzessin behandelt ihre beiden Kinder immer gleich. Auf sie konnte sich Harry stets verlassen. Doch Diana stirbt viel zu früh. Da ist Harry noch nicht einmal 13 Jahre alt.

Später dann, mit 18 Jahren, warten die Pflichten: Der Rotschopf darf zum Beispiel nicht seinen Traumberuf »Polo-Profi-Spieler« ergreifen. Schließlich ist Harry der Sohn des zukünftigen Königs von England, da schickt es sich nicht, als Sportler ein Nomadenleben zu führen. Könnte sein älterer Bruder William die Krone nicht übernehmen, wäre er dessen Nachfolger. Aus diesem Grund muss Harry auch eine angemessene Ausbildung erhalten.

Aus dem einst so schüchternen Prinz Harry ist ein Rebell geworden, der meist mit negativen Schlagzeilen von sich reden macht. Er gesteht, Marihuana geraucht und sich öfter betrunken zu haben. Ein großer Schock für die Königsfamilie. Insider glauben, die Ursache dafür zu kennen: den Tod seiner Mutter Diana, den er nur schwer verkraftet habe.

Damit er sich in der Öffentlichkeit stilsicher und formvollendet präsentiert, sollen jetzt auch Imageberater für ihn engagiert werden. Das wünscht sich die Queen. Ein Team, das ihm zeigt, wie man sich angemessen kleidet, richtig gestikuliert, selbstbewusst auftritt und sich mit den Menschen unterhält. Auch sind bereits öffentliche Auftritte bei diversen Hilfsorganisationen geplant, um zu zeigen, dass Harry auch anders kann. Erwachsen zu werden ist bei Kindern königlicher Abstammung eben nicht immer leicht.

Doch Prinz Harry wird es schaffen, da er doch gerade wieder ein erneutes Versprechen abgegeben hat: »Mit 18 werde ich mein Leben ändern!«

Wie die Änderung aussehen wird, davon hat er allerdings nicht gesprochen!

Und so reist Prinz Harry ein Jahr später für vier Monate nach Australien. Doch der Prinz holt sich gleich eine Abfuhr. Ein Koala-Bärchen, den Prinz Charles Jüngster für die Fotografen streichelt, zeigt sich nicht sonderlich interessiert an dem königlichen Liebkoser.

Auch sonst ist die öffentliche Meinung über den adeligen Besuch in der ehemaligen britischen Kolonie eher geteilt. 355.000 Euro kosten den australischen Steuerzahler die Sicherheitsmaßnahmen. Ein Dutzend Sicherheitsbeamte begleiten Harry aus Angst vor Anschlägen aber vermutlich auch, um ihn von allzu viel Bier und Marihuana fernzuhalten.

Doch Harry kann nicht nur dem Müßiggang frönen, er arbeitet als australischer Cowboy auf verschiedenen Schaf-Farmen zum üblichen Lohn, so heißt es zumindest. Zur Dokumentation bekomme ich ungefragt Videomaterial zugesandt. Die PR-Maschinerie läuft. Jeder Auftritt wird filmisch festgehalten.

Dann wird es ernst. Harry beginnt seine Armee-Karriere an der Elite-Akademie Sandhurst, damit aus ihm endlich ein richtiger Mann werde.

Unangenehm aufgefallen ist der 20-jährige Prinz schon als Teenager: mit Saufgelagen, Drogenkonsum, Schummeleien in der Schule und zuletzt, als er einen Paparazzi verprügelt hat. Dazu noch unpassende Mädchengeschichten.

Doch die Pressestelle hat nicht alles im Griff, denn auch unschöne Filmszenen erreichen die Adels- und Gesellschaftsberichterstatter und somit auch mich.

»Prinz Harry – der Nazi«, titelt das Massenblatt »THE SUN« – und bietet dazu exklusive Partyschnappschüsse: der Prinz in Wüstenuniform mit Hakenkreuz. Das Kostümfest unter dem Motto »Kolonialherrn und Eingeborene« fand auf dem britischen High-Society Landsitz Wiltshire statt.

Noch bevor die Boulevardpresse unter die Leute kommt, versucht es der Palast mit einer schriftlichen Entschuldigung. Ein knappes »Sorry« des Prinzen: Es täte ihm leid, es sei eine schlechte Kostümwahl gewesen.

Als Prinz Harry 2013 in die USA reist, ist der Skandal vom Vorjahr noch präsent. Prinz Harry nackt bei einem Privatfest in Las Vegas. Ein Partygast hat mit seinem Mobiltelefon das ausschweifende Fest dokumentiert und an diverse Zeitungen verkauft.

Obwohl es bei solchen Zusammenkünften üblich ist, dass alle Telefone an der Garderobe abzugeben sind, schafft es doch der eine oder andere Besucher ein Telefon zum Fest hineinzuschmuggeln.

Diesmal läuft seine Visite deutlich gesitteter ab. Insgesamt steht der Besuch hauptsächlich im Zeichen der Verdienste und Opfer der Streitkräfte.

Für Prinz Harry geht im April 2015 eine Ära zu Ende: Nach zehn Jahren beendet Captain Wales seinen Dienst bei der Armee. Harry war zweimal in Afghanistan im Einsatz und das über mehrere Monate. Er hat dort als Schütze in einem Kampfhubschrauber Dienst getan und zugegeben, auch tödliche Schüsse abgegeben zu haben.

Prinz Harry weilt im November 2016 auf Staatsbesuch in der Karibik. Gefeiert wird in manchen Staaten dieses Urlaubsparadieses die Unabhängigkeit von Großbritannien. Als Botschafter der Queen ist Prinz Harry nun im Dienste Ihrer Majestät. Erst vor wenigen Wochen machte Harry seine Beziehung zur US-Schauspielerin Meghan Markle öffentlich. Jetzt muss der 32-Jährige etliche Tage ohne seine Angebetete auskommen.

Beim Auftakt seiner Karibik-Rundreise kommt es gleich zu einem peinlichen Zwischenfall. Der Premierminister von Antigua scherzt bei einem Empfang zu Ehren Prinz Harrys vor 300 Gästen: »Ich glaube, wir haben bald eine neue Prinzessin.« Dabei hat der zweite Sohn von Prinz Charles und Diana zuvor ausdrücklich darum gebeten, nicht auf seine neue Freundin Meghan angesprochen zu werden.

Nun ist die Welt auf Meghan Markle aufmerksam geworden. Wer ist diese Schauspielerin, die Prinz Harry den Kopf verdreht? Rachel Meghan Markle: Geboren am 4. August 1981 in Los Angeles als Kind eines Amerikaners mit irisch-niederländischen Wurzeln und einer afro-amerikanischen Mutter. 1988 lassen sich ihre Eltern scheiden. Aus der ersten Ehe ihres Vaters hat sie zwei ältere Halbgeschwister.

Meghan wird Model und Schauspielerin. Bekannt wird sie vor allem durch die Rolle der Rechtsanwalts Angestellten Rachel Zane in der Fernsehserie »Suits«. 2011 heiratet sie den Filmproduzenten Trevor Engelson. Zwei Jahre später lässt sie ihn sitzen, schickt den Ehering per Post an ihn zurück. Auch in den Dienst der guten Sache stellt sich Meghan. Kämpft gegen Rassendiskriminierung und reist als Botschafterin der Hilfsorganisation World Vision nach Ruanda, um ein Wasserprojekt zu unterstützen.

Wir warten alle mit Spannung auf den ersten gemeinsamen öffentlichen Auftritt. Am 25. September 2017 ist es soweit. Die Presseaussendung erreicht mich per Mail. Das royale Versteckspiel hat ein Ende. Der 33-jährige Prinz Harry und die 36-jährige Meghan Markle zeigen sich bei der Sportveranstaltung für kriegsversehrte Soldaten im kanadischen Toronto. Hand in Hand erscheinen sie bei einem Rollstuhl-Tennis-Turnier. Da es sich hierbei um keinen offiziellen Anlass handelt, dürfen Harry und Meghan am Tenniscourt nebeneinander Platz nehmen. Denn solange sie noch nicht verlobt sind, dürfen sie laut dem royalen Protokoll öffentlich nicht nebeneinander sitzen.

Meine Redaktion ist informiert, dass sie eine Geschichte über Harry und Meghan von mir bekommt. Im Sendeablauf werden fünf Minuten für mich freigehalten. Keine Ahnung, wieviel Filmmaterial ich von der Agentur erhalten werde. Schlussendlich sind es ganze drei Minuten. Während ich den Beitrag schneide, behalte ich die Presseagenturen im Auge, um die ersten Reaktionen nicht zu übersehen, die ich im Beitrag aktuell unterbringen möchte.

Und gleich melden sich die Hüter der Etikette zu Wort, die das Dauer-Händchen-Halten beanstanden. Es sei eine Form der Emotion und in Großbritannien zeige man normalerweise nur gegenüber Hunden und Pferden Gefühle. Also, bitte mehr Zurückhaltung, wie es sich für Mitglieder der königlichen Familie gehöre.

Ich liege gewissermaßen immer auf der Lauer, wenn es um Ereignisse und Geschichten der Royals geht. Fixe Termine, wie die traditionelle Weihnachtsansprache der Queen, habe ich im Kalender eingetragen. Bei der Weihnachtsansprache ist der Inhalt sicherlich von Bedeutung, aber es sind die Details, die mir auffallen und die ich versuche, zu interpretieren. Die Queen scheint die Braut ihres Enkels Harry zu mögen. Denn sie erwähnt sie in der Weihnachtsansprache und lädt Meghan Markle bereits vor der Hochzeit auf den obligaten Weihnachtsurlaub auf ihren Landsitz Sandringham ein. Das gab's noch nie – eine beachtliche Ausnahme.

Dann geht es im Eiltempo voran: Meghan verkündet den Ausstieg aus der Serie »SUITS« und am 27.11.2017 wird ihre Verlobung mit Prinz Harry von Wales bekanntgegeben. Die Boulevardpresse steht Kopf. Die royalen Fans sind im Freudentaumel – eine neue Märchenhochzeit steht bevor.

Der Verlobungstag bringt mir viel Arbeit ein. Ich warte bis ich von der BBC das Drehmaterial vom Fototermin im Garten des Kensington Palastes

GLOBALO
POLY
NOX
AMANI
EVERLESS
FIREWALL
HOPE

Hörbücher
Filme
Zeitschriften
Infos
Ab ins Ausland!

Wir waren gerade dabei, ein Hühnchen zu kochen und dann gab es plötzlich diese unglaubliche Überraschung, er war so lieb und natürlich und sehr romantisch. Er hat sich hingekniet …

Schauspielerin
Meghan Markle

und das Verlobungsinterview zugespielt bekomme. »Ich habe zuvor noch nie von ihr gehört und auch nie ihre Serie ›SUITS‹ gesehen. Ich war sofort hin und weg als ich den Raum betrat und sie zum ersten Mal gesehen habe. Die Tatsache, dass ich mich so schnell in Meghan verliebt habe, ist für mich die Bestätigung, dass die Sterne richtig standen, alles war perfekt. Diese wunderschöne Frau stolperte einfach in mein Leben«, sagt Prinz Harry rückblickend auf die schicksalhafte erste Begegnung. Und was mir noch aufgefallen ist, der romantische Ort des Heiratsantrages: die Küche. »Wir waren gerade dabei, ein Hühnchen zu kochen und dann gab es plötzlich diese unglaubliche Überraschung. Er war so lieb und natürlich und sehr romantisch. Er hat sich hingekniet…«, schwärmt Meghan.

Der Verlobungsring ist aus Gelbgold. »Der große Stein kommt aus Botswana und die zwei kleinen Diamanten an jeder Seite stammen aus der Schmuckkollektion meiner Mutter, um sicherzugehen, dass sie bei uns ist – auf dieser verrückten gemeinsamen Reise.«

Die 36-jährige Afroamerikanerin ist geschieden – Beobachter sehen in dieser Verlobung einen Wandel am Königshof. Kurz nach Bekanntwerden der Beziehung mit Prinz Harry im November 2016 wendet sich die Pressestelle des Kensington Palastes an die Medien mit der Bitte um Fairness. In manchen Boulevardblättern war Meghan aufs Übelste beschimpft worden. Nicht nur wegen ihrer Herkunft. Harry beklagte sich über »Sexismus und Rassismus«, die seine Freundin in Großbritannien erfahren habe.

The Church of England has ruled that Prince Harry can marry his American actress girlfriend Meghan Markle at London's historic Westminster Abbey, despite her being both a divorcee and having a »Jewish background,« the UK's Express newspaper reported on Sunday.

A Westminster Abbey spokesman said: »The Abbey follows the General Synod Ruling of 2002. Since then it has been possible for divorced people to be married in the Church of England.«

Nun muss noch die Queen um Erlaubnis gefragt werden. Die ersten sechs Royals in der Thronfolge sind laut »Perth Agreement« von 2011 dazu verpflichtet. Und Harry ist im Hochzeitsjahr hinter Prinz Charles, Bruder William und seinen beiden Kindern fünfter in der Thronfolge.

Alle Formalitäten erledigt. Der Hochzeitstermin wird für den 19. Mai 2018 festgesetzt. In der St. George's-Kapelle von Windsor Castle wird geheiratet.

Windsor ist ein kleiner Vorort von London mit 32.000 Einwohnern. Dort ist auch das Eton College, das Prinz Harry als Teenager besucht hat.

In der britischen Königs-Firma läuft alles wie am Schnürchen: Lächelnde Queen, humoriger Prinz Philip, bezaubernde Enkelkinder und selbst Skandal-Harry leistet sich keinen Fehltritt. Es scheinen Strategen am Werk zu sein, die versuchen, das Image der Windsor-Familie auf Hochglanz zu polieren. Nach all' den kleinen und großen Skandalen der Familienmitglieder ein nicht ganz leichtes Unterfangen.

Großbritannien erlebt eine royale Wiederauferstehung. Das Katastrophen-Haus der Windsors wird neu erfunden als die schrecklich nette Familie von nebenan. Noch vor wenigen Jahren wirkte das Bild weniger bezaubernd:

Drei der vier Kinder von Queen Elizabeth sind geschieden. Der jüngste, Edward, der einzig nicht geschiedene Sohn, durch seine Film-Produktionsgesellschaft blamiert, der er vergebens mithilfe königlicher Beziehungen auf die Sprünge zu helfen versuchte. Der zweitjüngste, Andrew, als Wirtschaftsgesandter des Landes in peinlicher Nähe zu unappetitlichen Gestalten wie dem wegen Kinderprostitution verurteilten Jeffrey Epstein.

Familienvater Prinz Philip gilt als Fettnäpfchenjäger und sein Ältester Charles als Besserwisser der Nation, der Ministern und Städteplanern mit endlosen Briefen ins Handwerk pfuscht.

Die Enkel stolperten angetrunken nach ausschweifenden Partys in teuren Londoner Clubs vor die Linse der Boulevardfotografen. Durch seinen Einsatz für die »Invictus Games« zur Unterstützung von Kriegsveteranen oder auch für aidskranke Kinder hat Harry sein Image als Party-Prinz abgelegt und viel Sympathien gewonnen.

Der Palast jubelt. Die Inszenierung stimmt. Die Bilder sitzen. Der Ton ist getroffen. Doch dann meldet sich die Familie von Meghan zu Wort, um genau zu sein, ihr Vater samt Stiefschwester und Stiefbruder. Ich sitze mit meinem Cutter Harald fassungslos vor dem Filmmaterial, das soeben von den Agenturen kommt. Ihr Vater, früher als Lichttechniker beim Fernsehen tätig, will aus der Hochzeit seiner Tochter Kapital schlagen. Verkauft die Vermessung seines Fracks an eine Boulevardzeitung, die Geschwister lassen kein gutes Haar an Meghan. Sie sei berechnend und kümmere sich nicht um die Familie. Halbbruder Thomas warnt Prinz Harry sogar in einem offenen Brief vor Meghan – es sei noch nicht zu spät, die Hochzeit abzusagen. Meghan spiele die Rolle ihres Lebens, heißt es weiter.

Eine gute Partie ist Prinz Harry auf jeden Fall, denn der damals 33-jährige britische Royal ist mit seinen geschätzten rund 30 Millionen Euro sogar noch reicher als sein Bruder Prinz William.

Die Frage stellt sich mir nun: Wie geht der Palast mit dieser neuen Situation um? Ich rufe in der Presseabteilung des Palastes an. Die Auskunft, die ich bekomme, ist mehr als dürftig: »Alles ok!« Doch dieser Antwort traue ich nicht. Dazu kenne ich das Verhalten der royalen Firma zu gut. Und siehe da, plötzlich heißt es, Papa Markle kann wegen Herzproblemen nicht zur Hochzeit kommen. Das nehme ich jetzt so zur Kenntnis und lasse das auch hier unkommentiert stehen.

Nur wer führt die Braut Meghan jetzt zum Altar? Es wird ein Kompromiss gefunden: Den halben Weg in der Kirche geht Meghan allein, dann schreitet sie am Arm von Schwiegerpapa Charles zu Harry.

Aus der Familie ist lediglich ihre Mutter, Doria Ragland, anwesend.

Bei einer Adelshochzeit ist für mich als Kommentatorin der schwierigste Teil das Erscheinen der Braut. Warum? Ich muss auf Anhieb erkennen, von welcher Designerin, von welchem Designer das Hochzeitskleid entworfen wurde. Es ist das bestgehütete Geheimnis bei allen Hochzeiten, die ich live kommentiert habe. Manchmal konnte ich aus der Erfahrung schöpfen. Normalerweise wird ein Modeschöpfer des Königreiches gewählt, da das Brautkleid ja auch eine Werbung für die Textilindustrie eines Landes ist. So wäre es zum Beispiel undenkbar gewesen, wenn Diana in einem französischen Haute-Couture-Kleid vor den Altar getreten wäre. Doch welchen Designer wird die US-Amerikanerin Meghan wählen? Wird sie sich den Vorschriften des Palastes beugen?

Ich zweifle und bekomme einen Tipp. Es solle vom französischen Label »GIVENCHY« stammen. Also sammle ich Informationen über das Modehaus und die Designerin Claire Wright Keller, die als erste Frau an der Spitze des französischen Modehauses steht. Der Kompromiss: Claire Wright Keller ist Britin.

Dermaßen präpariert warte ich auf Meghan. Und als sie in Begleitung ihrer Mutter Doria Ragland aus dem Auto aussteigt, weiß ich: Das Brautkleid ist von »GIVENCHY«. Zeitgleich bringt mir ein Kollege einen Zettel ins Studio: Der Buckingham-Palast hat soeben auf Twitter alle Details zum Hochzeitskleid bekanntgegeben. Etwas entspannter gehe ich nun in die weitere Live-Übertragung.

»Stellen Sie sich unsere Regierungen und Staaten vor, wenn Liebe ihr Wegweiser wäre? – Kein Kind ginge hungrig zu Bett. – Armut würde Geschichte werden.« – In der St. Georgs-Kapelle sorgt ein US-amerikanischer Bischof mit einer Brandrede für die Liebe für Gänsehautmomente unter den Hochzeitsgästen in Windsor und wohl auch den Fernsehzuschauern auf der ganzen Welt. Dass es wirklich Liebe sein muss, beweisen Harry und Meghan heute der Welt und vor allem sich selbst im wohl intimsten Moment ihrer Hochzeit. Getraut wird das Paar ganz traditionell vom Erzbischof von Canterbury. Sie verzichten aber auf das übliche Gehorsam-Gelöbnis der Braut und stehen sich gleichberechtigt und auf Augenhöhe gegenüber.

Zu weiblichen Royals gehört natürlich Schmuck in seiner edelsten und schillerndsten Variante – doch sich als Mitglied der Königsfamilie einfach ein Diadem auf den Kopf zu setzen, wäre der wohl größte Mode-Fauxpas überhaupt. Als Faustregel gilt: Ein Diadem oder eine Tiara darf ausschließlich von verheirateten Frauen getragen werden – frühestens am Hochzeitstag ziert das Schmuckstück also den Kopf der Braut. Übrigens wird den Damen im Königshaus auch ans Herz gelegt, Strümpfe zu tragen – selbst wenn es nicht mehr als modischer Zwang gilt, zeugt es der Etikette zufolge doch von Eleganz und modischem Feingefühl.

Die königliche Verwandtschaft zeigt sich erfreut über den neuerlichen Familienzuwachs. Bräutigam-Vater Charles: »Wir sind begeistert. Sie werden wirklich sehr glücklich sein, mehr kann ich nicht sagen.« Bräutigam-Stiefmutter Camilla: »Ich bin völlig begeistert – es ist sensationell. Wie ich immer sage: Amerikas Verlust ist unser Glück. Wir sind alle hocherfreut und wie

Hochzeit Memorabilia – hoher Sammlerwert garantiert. Das falsche Brautpaar lächelt sich auf dem Erinnerungsbecher verliebt an. Prinz Harry und Catherine, die Frau seines Bruders William. Bis heute ungeklärt: ein Versehen oder gewinnbringende Absicht.

man sehen kann, sind die beiden sehr glücklich. Gerade in düsteren Zeiten ist etwas Positives zur Abwechslung eine besondere Freude. Wie ich schon gesagt habe, wir sind sehr glücklich.«

Wie ich immer sage: Amerikas Verlust ist unser Glück.

Herzogin Camilla

Der gemeinsame Wohnsitz des Brautpaars ist der Kensington Palast in London. Wenn die Mauern des Palastes sprechen könnten, dann wüssten sie viel zu erzählen. Zum Beispiel von der Trauer der Menschen, die nach dem Unfalltod von Diana 1997 Massen an Blumen, aber auch Erinnerungen, niedergelegt haben. Die einsame Prinzessin Diana nannte ihn frostig »KP«. Und Queen Victoria hat den Kensington Palast von Herzen gehasst, weil sie als Kind hier wie in einem goldenen Käfig gehalten wurde. König Edward VII. bezeichnete ihn als »Aunt Heap«, also »Tanten-Hügel«, weil die ganze bucklige Verwandtschaft hier einquartiert war.

Queen Victoria wird 1819 hier geboren und sieht ihren geliebten Ehemann Prinz Albert in diesem Palast zum ersten Mal. Auch die Zeit davor und danach ist nicht arm an Dramen, Romanzen, Intrigen, Machtspielen und ganz persönlichen Schicksalen. Diana wohnt von 1983 bis zu ihrem Tod 1997 in einem Teil des Palastes. Der Kensington Palast wurde zur Erholung in diesen wunderschönen Gärten abseits der Stadt erbaut. Es war immer ein Ort, an dem die Royals privat sein und sich entspannen konnten. Der Kensington Palast ist zweigeteilt. Die eine Hälfte ist öffentlich zugänglich und die andere Hälfte ist Privatbereich. Herzogin Catherine und Prinz William leben seit Anfang 2015 im 20-Zimmer großen Luxus-Apartment 1A. Die Wohnung erstreckt sich über vier Stockwerke und besteht aus fünf Empfangsräumen, drei Schlafzimmern, Umkleideräumen, mehreren Badezimmern und Kinderzimmern. Auch für das Personal ist Platz genug.

Und auch Prinz Harry zieht mit seiner Meghan in den Kensington Palast, und zwar in Dianas Apartment. Nach zwei Jahren ziehen die beiden aus – offenbar gibt es Konflikte mit Bruder William und Catherine, die das Zusammenleben unter einem Dach nicht mehr möglich machen.

Sie übersiedeln ins »Frogmore Cottage« auf dem Gelände von Schloss Windsor, dem Hochzeitsgeschenk der Queen. Rund 2,8 Millionen Euro an Steuergeld stecken sie in die Renovierung. Frogmore Cottage blickt auf eine

336-jährige Geschichte zurück. Erbaut wurde das Cottage von 1680 bis 1684 im Auftrag von König Charles II. (1630–1685). Seitdem war das Gebäude in einer der umliegenden Parkflächen von Windsor Castle Schauplatz mehrerer dramatischer Schicksale im Umfeld der Königsfamilie.

Queen Victoria zog sich nach dem Tod ihres Ehemannes, Prinz Albert, 1861 dorthin zurück. Auch ihr Vertrauter, Abdul Karim, lebte im Frogmore Cottage. Der 24-jährige Inder kam als einer von zwei indischen Dienern anlässlich des goldenen Thronjubiläums 1887 in den königlichen Haushalt. Er gab der Königin Sprachunterricht und lehrte sie indische Bräuche. Als Günstling Ihrer Majestät konnte er Vorteile nutzen, holte seine Frau und andere Familienmitglieder aus Indien nach Großbritannien, wo sie alle auf Kosten der Königin lebten. Die Missgunst der Hofschranzen war nicht zu übersehen. Doch nach dem Tod der Königin 1901 wurde er samt seinen Angehörigen von Victorias Sohn, König Edward VII., nach Indien zurückgeschickt.

Hier liegt auch die Ruhestätte von König Edward VIII. und seiner großen Liebe Wallis Simpson. Eine Verbindung, die die britische Monarchie in eine ernsthafte Krise stürzte. Edward gab für die geschiedene Amerikanerin 1936 den Thron auf.

Auch Prinz Harry und Herzogin Meghan geben kurz nach ihrem Einzug auf.

»Man tut einen Schwur, den man nicht versteht«, klagt einige Jahrzehnte nach ihrer Vermählung eine völlig verbitterte Kaiserin Sisi ihrer Tochter Marie Valerie. Das Leben am Hofe ist auch heute noch kein Ponyhof.

Als unsere »Sisi« 1854 Kaiser Franz Josef I. heiratet, ist ihr nicht bewusst, was da auf sie zukommen wird. 23-jährig verliebt sich Franz Josef in Bad Ischl in die erst 15 Jahre alte Elisabeth aus dem Hause Wittelsbach. Die Gratulationscour bei der Hochzeit in der Wiener Hofburg nimmt kein Ende. Verschüchtert nimmt sie die Honneurs entgegen. Die vielen Fremden, die sie mehr oder weniger wohlwollend mustern, machen ihr Angst. In Panik flüchtet Sisi in ein Nebenzimmer und bricht in Tränen aus. »Ich bin erwacht in einem Kerker, und Fesseln sind an meiner Hand. Und meine Sehnsucht immer stärker. Und Freiheit! Du mir abgewandt!«

Eine sechswöchige Auszeit von ihren royalen Pflichten haben sich Prinz Harry und Herzogin Meghan mit Master Archie (6 Monate) genommen. Sie werden Weihnachten bei Meghans Mutter, Doria Ragland, in Los Angeles feiern. Auch »Friedensgespräche« mit Meghans Vater, Thomas, sollen geplant sein.

Vielleicht kehrt nach den medial ausgeschlachteten Turbulenzen rund um ihren Vater und die beiden Stiefgeschwister etwas Ruhe ein. In einer aktuellen Dokumentation spricht Meghan über die Probleme mit dem Umgang der sehr kritischen Berichterstattung der Boulevardpresse und über ihr schweres Leben am Hofe. Befindlichkeiten teilen die Mitglieder der Royal Family nie mit der Öffentlichkeit, im Gegenteil: Die Devise lautet »never explain, never complain«.

Die Sussexes möchten nicht mehr in der ersten Reihe des Königshauses stehen. Das lese ich auf ihrem Instagram-Account »sussexroyal«. Sie möchten mehr Zeit in Meghans Heimat verbringen. Der Überraschungseffekt ist perfekt. Mein Mobiltelefon läutet ununterbrochen. Die Medien möchten eine Einschätzung von mir. Ich bin überzeugt: »›Teilzeit-Royals‹ wird sich wohl nicht spielen!« Und ich sollte recht behalten.

Die Hochzeit, am 19. Mai 2018, war der Tag, als Meghan Markle ihren Weg ins und gleichzeitig auch aus dem Königshaus angetreten ist.

Es waren einmal zwei Brüder: William und Harry. Sie hielten zusammen wie Pech und Schwefel, vor allem nach dem Tod ihrer Mutter Diana am 31. August 1997. »Man ist auf einzigartige Weise verbunden, wenn man so ein Erlebnis miteinander durchmacht«, sagt Prinz Harry vor seiner Hochzeit mit der US-Schauspielerin Meghan Markle. Monate später nach der Hochzeit klingt das so: »Wir sind derzeit auf unterschiedlichen Wegen unterwegs. Aber ich werde immer für William da sein – und umgekehrt.«

Die heile Welt am Königshof hat Risse bekommen, als Harry und Meghan aus dem Kensington Palast als Nachbarn von William und Catherine ausziehen, die Zusammenarbeit der Stiftung »Royal Foundation« aufkündigen und das gemeinsame Pressebüro verlassen. Die Stimmung kippt völlig, als die beiden nach ihrer sechswöchigen Auszeit in Kanada per Instagram mitteilen, dass sie sich von den royalen Pflichten teilweise zurückziehen und neben London auch in Kanada leben wollen. Auch wenn die Queen mit dieser Ankündigung überrumpelt wurde, ist für sie klar: zuerst die Monarchie, dann die Familie. So wie immer.

Der Journalist Tom Bradby, ein enger Vertrauter des royalen Paares, behauptet: Der Buckingham Palast habe Harry und Meghan zu verstehen gegeben, dass es Pläne für eine entschlackte Monarchie gebe – und dass die royalen Rebellen darin »keine wirkliche Rolle spielen« würden.

In anderen Worten: Harry und Meghan sollten »aussortiert« werden. Das berichtet die »DAILY MAIL«.

Kein Aprilscherz ist es, wenn Harry und Meghan ab 1. April in die »Freiheit« entlassen werden. Keine royalen Verpflichtungen mehr, kein Auftreten mehr von Harry in Uniform und keine Vermarktung der bereits angemeldeten Marke »Sussex royal«.

Ihre Abschiedstournee Mitte März 2020 im Königreich war triste – da können auch die bunten Kleider von Meghan nicht darüber hinwegtäuschen. Es ist seltsam mitanzusehen. Während Meghan öffentlichkeitswirksam in die Kameras lächelt, bietet Prinz Harry einen gar traurigen Anblick.

Der königliche Fotograf Arthur Edwards ist sicher, dass Harry nach London zurückkehren wird – mit oder ohne Meghan. »Er wird seine Familie, seine Heimat und seine Freunde vermissen. Die Herzogin von Sussex habe ihre Rolle als Royal im ersten Ehejahr gut gespielt und aus Prinz Harry einen traurigen Mann gemacht.«

Wie Kassa zu machen ist, wissen die meisten Autoren von Skandalbiografien. Viel Geld verdient man aktuell wohl mit Meghan Markle, verheiratete Herzogin von Sussex.

Autor Tom Quinn lässt in seinem Buch »An Intimate Memoir from Queen Mary To Meghan Markle« Menschen zu Wort kommen, die mit den ausgestiegenen Royals zusammengearbeitet haben.

Hinter Meghans Rücken wurden fiese Spitznamen erfunden: »Duchess of Difficult« (»Herzogin Schwierig«). Es sei vorgekommen, dass Meghan mitten in der Nacht nach Bediensteten verlangte oder in den frühen Morgenstunden Mails verschickt habe. Das Aufatmen nach dem Megxit soll auch außerhalb der Mauern von Frogmore Cottage zu hören gewesen sein.

Die Liebesgeschichte von Harry und Meghan gleicht einer Hollywoodromanze und endete in einem traurigen Drama. Meghan beklagte sich über mangelnde Unterstützung und Zurückweisung der angeheirateten Verwandtschaft. Wie es zu Meghans Frust gekommen ist, will Autor Sean Smith in seinem Buch »Meghan: Misunderstood« ergründen.

»Die Sussexes werden ihre HRH-Titel nicht verwenden, da sie nicht länger arbeitende Mitglieder der königlichen Familie sind«, gibt der Palast in einer offiziellen Erklärung über Prinz Harry und Herzogin Meghan bekannt. HRH bedeutet auf Deutsch »Ihre Königliche Hoheit« und wird seit dem

18. Jahrhundert von hochrangigen Mitgliedern des britischen Königshauses getragen. Verliehen, aber auch entzogen, wird der Titel von der Queen selbst. Seit dem Megxit wird aus HRH The Duke of Sussex und HRH The Duchess of Sussex schlicht und einfach Harry, Duke of Sussex und Meghan, Duchess of Sussex. Entscheidend ist, dass das »The« vor Herzog und Herzogin wegfällt.

Und noch etwas fällt auf: Die Kombination aus Vornamen, einem Komma und dem Titel, wie jetzt bei Meghan, wurde bislang nur für geschiedene Frauen verwendet. So wurde aus Prinzessin Diana nach der Scheidung von Prinz Charles, Diana, Prinzessin von Wales, oder aus Sarah Ferguson nach der Scheidung von Prinz Andrew, Sarah, Herzogin von York. Eine Panne? Wohl kaum.

Auch das Verweigern eines Titels ist nicht von Erfolg gekrönt. Als Archie geboren wurde, verzichteten Harry und Meghan auf die Verwendung eines Titels, obwohl Archie den Nebentitel seines Vaters »Earl of Dumbarton« hätte übernehmen können. Doch eine wahre Titelflut wird noch über ihn hereinbrechen. Wenn Prinz Charles eines Tages auf dem Thron sitzt, wird Archie automatisch Prinz von Großbritannien und Nordirland, sowie eine königliche Hoheit.

Wer glaubt, dass Titel nur schmuckes Beiwerk sind, kennt nicht das britische Königshaus.

Prinz Harry lebt nun fernab seiner Heimat London mit Meghan und Sohnemann Archie in Montecito, Santa Barbara. Insider wundert es nicht, dass Harry sich von der Prinzenrolle verabschiedet hat. Bereits im April 2015 bekannte er offen: »Ich mag nicht in Windsor herumsitzen und in England gefällt es mir nicht so gut, weil die Presse mich ständig belagert.«

Doch der umtriebigen Presse wird der umtriebige Harry nicht entkommen. Was er auch tut, er sorgt für Aufsehen. Die wohl berühmteste US-Talkerin Oprah Winfrey hat es geschafft, ihre Freundin Meghan im März 2021 vor die Kamera zu holen. Das Königshaus am Pranger – eine Schlammschlacht vor den Augen der Weltöffentlichkeit wird erwartet. Ich schaue mir dieses Interview live an, mache Notizen, denn ich habe im Halbstundentakt Interviewtermine mit Medien, die mich um meine Meinung gebeten haben. Neben Geplänkel, ob Kate Meghan oder Meghan Kate inmitten des Hochzeitsvorbereitungsstresses zum Weinen gebracht hat, wirft Meghan der »Institution« rassistisches Verhalten vor.

»Harry hat mir erzählt, dass während meiner Schwangerschaft mit Archie über die Hautfarbe des Babys gesprochen wurde.« Harry: »Das Gespräch war peinlich, darüber kann ich nicht sprechen. Werde auch nicht sagen, wer das war – nehme es mit ins Grab.«

Rassismusvorwürfe, an das Königshaus gerichtet, wiegen schwer – immerhin ist die Queen auch Oberhaupt des Commonwealth. Es bleibt ein fahler Beigeschmack, der Vorwurf steht im Raum – Namen werden keine genannt.

Meghan klagt an, in einer für sie schwierigen Zeit keine Unterstützung erhalten zu haben. Sie habe sich mit Selbstmordgedanken getragen. Unterstützung hat auch Harry vermisst: »Sie haben uns mit der Begründung ›Statuswechsel‹ die Security und die finanzielle Unterstützung gestrichen. Ich lebe heute vom Erbe meiner Mutter Diana.« Ja, was würde wohl Diana zu diesem Konflikt sagen? Harry glaubt, seine Mutter wäre sehr traurig, aber »das Wichtigste wäre für sie, dass Meghan und ich glücklich sind«.

Es wird die Monarchie etwas durcheinander rütteln, sicherlich. Die Queen als adeliges Denkmal wird es überleben. Der Weg zurück ins Königshaus dürfte für Harry und Meghan kein einfacher sein.

Es ist ein Rückzug und auch eine Flucht vor der Boulevardpresse, beteuern beide. Interessant: Sie wollen die Öffentlichkeit nicht und suchen die Öffentlichkeit. Das kann nach diesem Interview wohl niemand mehr bestreiten. Diese Geschichte hat kein Happy End – es gibt keine Gewinner, es gibt nur Verlierer.

Ach, fast hätte ich es vergessen: Archie hat am 4. Juni 2021 ein Schwesterchen bekommen: Lilibet Diana. Die einen nennen es Anbiederung an Uroma Queen Elizabeth, deren Kosenamen Lilibet ist, die anderen nennen es …

Wie ein Rückzug aus dem Königshaus ausgehen wird, müsste Prinz Harry bewusst gewesen sein. Nach der Trennung seiner Mutter von Thronfolger Prinz Charles 1993 kündigt Diana an, ihre offiziellen Verpflichtungen zurückzufahren. Nach ihrer Scheidung von Charles 1996 darf sie sich nicht mehr als »königliche Hoheit« anreden lassen. Sie beendet ihr Engagement bei 93 von 99 wohltätigen Einrichtungen, für die sie sich bis dahin eingesetzt hat. Auch wenn sie nicht mehr wirklich zum Königshaus dazu gehört, sagt sich Diana aus Sorge um ihre Söhne nicht völlig los. Sie lebt weiter im Kensington Palast, hat aber keinen royalen Personenschutz mehr.

Prinz Andrew, der Lieblingssohn der Queen hat ausgedient

Nach ihrer Scheidung vom zweitältesten Sohn der Queen, Prinz Andrew, im Jahr 1996 muss Sarah, Herzogin von York, sich selbst um Einkünfte bemühen. Sie wird Werbebotschafterin für das Diät-Unternehmen Weight Watchers, schreibt Kinderbücher und tritt im US-Fernsehen auf. Dennoch hat die Herzogin von York mit Schulden zu kämpfen.

Wenn es für mich keine Möglichkeit gibt, dass ich eine bestimmte Person zu einem aktuellen Ereignis im Ausland selbst interviewen kann, dann muss ich auf internationale Agenturen vertrauen. In jedem einzelnen Land werden die Geschehnisse gefilmt und der ganzen Welt angeboten. Die meisten TV-Stationen haben Jahresverträge mit den Agenturen, das heißt, ich kann auf das zur Verfügung gestellte Fernsehmaterial zugreifen, ohne auf eine bestimmte Minutenanzahl begrenzt zu sein. Allerdings muss ich stets darauf achten, wie viele Tage ich das Material verwenden darf. Oft kommt es bei Live-Ereignissen – wie zum Beispiel bei Adelshochzeiten – vor, dass das Material immer in kurzen Sequenzen übertragen wird. Per Mail bekomme ich ein Aviso über den Inhalt der Sequenzen. Wenn ich um 13 Uhr 50 auf Sendung bin und das letzte Material um 13 Uhr 40 bekomme, ist es im Schneideraum schon sehr stressig. Ende gut, alles gut – mir gefällt dieser Kick, es wieder geschafft zu haben.

Im folgenden Fall gibt es allerdings kein Agenturmaterial:

2010 berichtet »NEWS OF THE WORLD«, »Fergie« sei mit versteckter Kamera dabei gefilmt worden, wie sie einem als Geschäftsmann getarnten Journalisten für 500.000 Pfund Zugang zu ihrem Ex-Mann Prinz Andrew angeboten hat.

Ich nehme daher direkt mit »NEWS OF THE WORLD« Kontakt auf, um an Filmaufzeichnungen bzw. an ein Foto zu gelangen. Ich habe Glück. Es gibt alles für mich zur Verwendung, aber klar, es kostet. Nun klärt die Rechteabteilung wie oft wir das Material zum geforderten Preis verwenden dürfen, ob es auf die TV-Thek gestellt werden kann, etc. Erst nach Vertragsabschluss bekomme ich das OK zur Verwendung. Nach Fertigstellung der Sendung muss ich jedes verwendete Material sekundengenau schriftlich festhalten – das ist der Beleg für die »gekaufte« Verwendung.

Herzogin Sarah soll sich außerdem von dem US-Milliardär und verurteilten Sexualstraftäter Jeffrey Epstein aus einer finanziellen Klemme helfen haben lassen. Und jetzt wird es pikant. Denn schon 2011 findet sich das britische Königshaus in den Schlagzeilen. Anlass sind die Verbindungen von Prinz Andrew zu dem US-Geschäftsmann Jeffrey Epstein, einem verurteilten Pädophilen. Es tauchen Fotos aus dem Jahr 2001 auf, die Andrew mit der 17-jährigen Virginia G. zeigen. Sie sagt aus, es habe zu ihren »Pflichten gehört, sich von Epsteins erwachsenen Freunden, darunter Mitglieder von Königshäusern, sexuell benutzen zu lassen«.

Für meine Berichterstattung ist es wichtig, dass ich dieses eine Foto zur Bebilderung bekommen kann. Ich durchforste das Agenturmaterial, die APA, etc. und werde fündig. Für die aktuelle Berichterstattung ist es sogar kostenfrei.

Prinz Andrew gerät unter Beschuss. Und es gibt Spekulationen, dass der Herzog von York seine Rolle als Handelsrepräsentant des Vereinigten Königreiches verlieren wird. Die Kollegen von den Agenturen arbeiten auf Hochdruck und liefern halbstündlich aktuelle Interviews zu »Prince Andrew, update 1, update 2, 3, 4, 5, usw.«

Historiker Hugo Vickers verteidigt Prinz Andrew: »Es gibt eine Reihe von Anschuldigungen, die nichts mit dem Herzog von York zu tun haben. Es sind viele Gerüchte im Umlauf. Es ist eine typische Medienkampagne gegen ihn, die natürlich nicht nur peinlich für ihn ist, sondern auch für die königliche Familie.«

Weil Andrew in den vergangenen zehn Jahren in seinem Regierungsjob den Steuerzahlern allein vier Millionen Pfund, also rund 4,8 Mio. Euro Reisespesen in Rechnung stellte, wird er öffentlich als »Airmiles-Andy« verhöhnt – Konsequenzen hat es vorerst keine.

Während ich auf das nächste Interview warte, das ich mit einem Mausklick am Computer abrufen kann, recherchiere ich Details zum Leben von Prinz Andrew, telefoniere mit der Pressestelle des Prinzen – aber von dort erwarte ich mir nun wirklich keine Reaktion, trotzdem ist der Anruf ein Versuch wert.

Auch der Handelsdelegierte Lord Digby Jones findet nur wohlwollende Worte für den erneut in die Schlagzeilen geratenen Prinzen: »Prinz Andrew hat über zehn Jahre hervorragende Arbeit geleistet. Ich habe mit ihm schon des Öfteren zusammengearbeitet. Er arbeitet hart und begreift rasch, worauf es ankommt und er steht mit vielen Firmen auf der ganzen Welt in Kontakt. Er versteht den internationalen Handelsmarkt. Junge Menschen sprechen gerne mit einem Mitglied des Königshauses und der Herzog von York versteht junge Menschen, er hat ja selbst zwei junge Töchter.«

Beatrice und Eugenie sind die beiden Töchter von Andrew und Sarah »Fergie« Ferguson. Die lebhafte Fergie bringt neuen Wind ins Königshaus. Sie lernt den Prinzen 1985 bei einer Party auf Schloss Windsor kennen. Bereits im Folgejahr, am 23. Juli 1986, heiraten Andrew und Fergie in der Westminister Abbey. In Windeseile gelangt »Fergie« zum Altar: Für ihren Gang benötigt sie vier Minuten. Das Hochzeitskleid der britischen Couturierin Lindka Cierach ist ein Liebesbeweis an Andrew. Stickereien und Perlenmuster mit Herzen, Ankern (als Symbol für Andrews Segel-Leidenschaft), Hummeln und Disteln (aus Sarahs Familienwappen) und einem verschlungenen A- und S-Motiv für Andrew und Sarah versehen. Die beiden haben sich für den aus dem Jahr 1662 stammenden traditionellen Hochzeitsritus der Kirche von England entschieden. Da gelobte die 26-jährige Braut ihrem Mann »gehorsam zu sein, ihm zu dienen, ihn zu lieben, zu ehren und ihm in guten und schlechten Tagen zur Seite zu stehen.« Vor lauter Aufregung wiederholt Sarah Prinz Andrews zweiten Vornamen, als sie ihren Treueschwur spricht. Andrew verspricht, seine Frau »zu lieben, ihr beizustehen, sie zu ehren und Zeit seines Lebens bei ihr zu bleiben«.

Mit dem Ja-Wort gibt's für die ehemalige Sekretärin Sarah Ferguson auch noch den Titel »Herzogin von York« dazu.

Doch wie das Glück gewonnen, so zerronnen: Im März 1992 trennt sich das Paar.

Zum Eklat kommt es, als die Herzogin von York zehenlutschend mit ihrem Finanzberater John Bryan erwischt wird. Die Fotos erscheinen, als Fergie gemeinsam mit der königlichen Familie auf Schloss Balmoral ist. Prinz Philip, der Ehemann von Queen Elizabeth, soll ihr selbst die Zeitung überreicht haben. Dann wird Fergie gebeten, Balmoral zu verlassen. Fergie fällt nicht viel zu ihrer Verteidigung ein: Sie stellt lediglich klar, dass ihr Finanzberater nicht an ihren Zehen gesaugt, sondern die Innenseite ihres Fußes geküsst habe. Ausgerutscht auf dem royalen Parkett, die bürgerliche Fergie.

1996: Scheidung.

Die Queen schweigt zu alledem. Das ist ihre Art, mit Skandalen umzugehen. Daher auch kein Wort zu den Anschuldigen in Sachen Jeffrey Epstein, der 2008 wegen Pädophilie zu 18 Monaten Gefängnis verurteilt wurde. Er hatte sexuelle Beziehungen mit minderjährigen Mädchen zugegeben. Später besucht Prinz Andrew Epstein in New York. »Dem Vernehmen nach« heißt es in den Medien, doch ich habe den Beweis: Filmmaterial von Epstein und Andrew beim Spaziergang in New York.

Nach der Kritik an seinen zweifelhaften Kontakten gibt Prinz Andrew am 22. Juli 2011 seine Rolle als Außenhandelsbeauftragter der britischen Regierung auf. Er verzichtet auf die offizielle Bezeichnung, tritt aber weiter im Ausland für die Wirtschaftsbeziehungen seines Landes ein.

Der »Fall Epstein« war abgeschlossen. Die Staatsanwaltschaft hatte mit dem Multimillionär einen Vergleich abgeschlossen, »der die schweren Missbrauchsvorwürfe dutzender junger Opfer gegen ihn faktisch begrub«, ist online bei »SÜDDEUTSCHE.DE« zu lesen. Allerdings nicht für die Journalistin Julie K. Brown vom »MIAMI HERALD«. Sie recherchierte, um den 80 mutmaßlichen Opfern eine Stimme zu geben und veröffentlichte im November 2018 eine Serie über die Machenschaften von Jeffrey Epstein. Ihre Arbeit war von Erfolg gekrönt: Es wurde erneut Anklage gegen Epstein erhoben.

Virginia G. wiederholt ihre Anschuldigungen gegen Prinz Andrew. Sie habe ihn in einem Londoner Prominenten-Club getroffen – er habe sehr stark geschwitzt.

Die PR-Berater des Königshauses raten Andrew im November 2019 in die Offensive zu gehen und sich in einem BBC-Interview den Vorwürfen zu stellen. Andrew wirkt überheblich, erwähnt mit keinem Wort die möglichen Opfer. Er dementiert: Er könne aufgrund einer besonderen Krankheit gar nicht schwitzen. Als er 1982 im Falkland-Krieg als Helikopter-Pilot stationiert war , habe er – als auf ihn geschossen wurde – eine Überdosis Adrenalin ausgeschüttet.

Das hätte Prinz Andrew glaubhafter machen können. Denn offenbar kann auch seine Mama, die Queen, nicht schwitzen. Ihre frühere Hofdame, Pamela Mountbatten (Prinz Philips Cousine), plauderte dereinst aus dem Nähkästchen, dass die Queen diese körperliche Eigenart hat: »Es gibt Leute, deren Haut Wasser absondert. Ihre nicht. Sie sagt, dass das die Hitze noch viel unerträglicher macht. Es sieht natürlich wunderbar aus, aber zu welchem Preis!«

Zudem, verteidigt sich Andrew, war er an besagtem Tag in keinem Club. Er habe mit seiner Tochter Beatrice eine Pizzeria in der Stadt Woking besucht. Der US-Multimillionär Epstein begeht am 10. August 2019 in Haft Selbstmord. Seine Ex-Partnerin Ghislaine Maxwell wird im Dezember 2021 wegen Menschenhandels mit Minderjährigen zu Missbrauchszwecken schuldig gesprochen.

Noch ist die Queen versöhnlich. Lässt ihm seine Ehrentitel und erlaubt ihm, dass er sie – samt Ex-Frau »Fergie« – zu den traditionellen Sommerferien der königlichen Familie auf Schloss Balmoral begleitet.

Schloss Balmoral ist eine der Privatresidenzen der königlichen Familie. Hier haben sich Charles und Diana kennen und lieben gelernt. Hierher zieht sich Prinzessin Anne nach ihrer Hochzeit zurück.

Auch die Queen verbringt traditionell ihre Sommerurlaube in dem verspielten Granitbau, der vor 150 Jahren innerhalb von drei Jahren gebaut worden war, nachdem das ursprüngliche Schloss für die ständig wachsende königliche Familie zu klein wurde. Schon vor Generationen hat sich die Langzeitregentin Queen Viktoria in diese schottische Idylle verliebt. Ihr Mann, Prinz Albert von Coburg, hat zur Erinnerung an seine deutsche Heimat tausende Bäume in das Hochland gepflanzt, sehr zur Freude seiner Nachfahren. Doch bei insgesamt gut 26.000 Hektar Land bleibt auch heute genug Platz für die Pferde und Hochlandrinder der Queen. Schloss Balmoral liegt Prinz Charles bis heute besonders am Herzen.

Der Landsitz ist Privateigentum der britischen Königsfamilie und gehört nicht der Krone. Es ist das einzige Schloss, in dem die Queen alle Pflichten vergessen und einfach nur Mensch sein kann: Balmoral erinnert die Queen an ihre glückliche und unbeschwerte Jugend. Für sie ist es eine zweite Heimat. Sie liebt alles dort: die Landschaft, die Leute, die Bräuche.

KÖNIGLICHE
Romanzen
39 Prince Charles und Lady Diana Spencer

Queen Elizabeth II
Diamond Jubilee
1952-2012
Royal BABY
MONACO
Königin Elizabeth II. und Prinz Philip
KÖNIGLICHE
Romanzen

Doch der angebliche Urlaub von Prinz Andrew mit seiner Mama hat wohl einen anderen Grund, der Ausweg vor einer Verhaftung – informiert mich mein Freund E., der Rechtsanwalt. Tatsache ist, dass die Queen nicht verhaftet werden kann, wohl aber Mitglieder der Königlichen Familie – außer: Sie sind bei ihr. Es dürfen auch keine Verhaftungen in Anwesenheit der Monarchin oder in der Umgebung eines königlichen Palastes vorgenommen werden.

Das heißt für Prinz Andrew: Der Palast ist momentan sein Gefängnis.

Heißt das, Andrew hat bis zum Prozessende Hausarrest? Kann er bei Reisen in die USA zur Zeugeneinvernahme vorgeladen werden?

Ich frage im Österreichischen Außenministerium nach:

26.08.2021

Sehr geehrte Frau Bischoff,

zu Ihrer Anfrage, ob eine Verhaftung von Prinz Andrew im Zusammenhang mit dem Jeffrey Epstein-Skandal im Hinblick auf die Wiener Diplomatenrechtskonvention (WDK) oder andere völkerrechtliche Regeln zulässig wäre, kann Ihnen das Außenministerium folgende Informationen bzw. rechtliche Einschätzungen zukommen lassen:

Grundsätzlich muss zwischen (1) Immunitäten im Ausland auf Basis des Völkerrechts und (2) Immunitäten im Inland auf Basis des nationalen Rechts unterschieden werden. Unsere Antwort beschränkt sich auf den Bereich der Immunitäten im Ausland, da wir zur britischen nationalen Rechtslage nicht Stellung nehmen können.

Das Völkerrecht sieht für folgende Personen Immunitäten im Ausland vor:

a) oberste Staatsorgane (Staatsoberhaupt, Regierungschef/in, Außenminister/in) auf Basis des Völkergewohnheitsrechts;

b) Diplomat/innen oder Konsul/innen auf Basis der Wiener Diplomatenrechtskonvention (WDK) und der Wiener Konsularrechtskonvention (WKK). Österreich und Großbritannien sind Vertragsparteien beider Konventionen; und

c) Mitglieder von Spezialmissionen auf Basis der VN-Konvention über Spezialmissionen (Österreich ist Vertragspartei, Großbritannien aber nicht), deren Regeln der WDK folgen und auch Völkergewohnheitsrecht darstellen.

Ad a) Die britische Königin Elisabeth II genießt während ihrer Amtszeit als Staatsoberhaupt auf Basis des Völkergewohnheitsrechts im Ausland absolute Immunität und kann daher weder zivil- noch strafrechtlich belangt werden. Unter gewissen Voraussetzungen genießen auch Familienangehörige eines Staatsoberhauptes Immunität. Aus österreichischer Sicht besteht diese vom Staatsoberhaupt »abgeleitete« Immunität nur für engste Familienangehörige (z.B. Ehegatten oder Kinder) und nur für Auslandsaufenthalte, bei denen sie das Staatsoberhaupt begleiten.

Ad b) Alternativ gäbe es die Option, dass Prinz Andrew als Diplomat oder Konsul im Ausland tätig ist bzw. war. In diesem Fall würde er Privilegien und Immunitäten auf Basis der WDK *bzw.* WKK *genießen. Diese Option dürfte jedoch auszuschließen sein, da nicht bekannt ist, dass Prinz Andrew jemals ein solches Amt bekleidet hat.*

Ad c) Schließlich könnte Prinz Andrew als Mitglied einer Spezialmission im Ausland tätig (gewesen) sein und auf Basis der VN*-Konvention über Spezialmissionen bzw. des Völkergewohnheitsrechts Immunität genießen. Laut Medienberichten soll Prinz Andrew im Jahr 2001 offiziell britischer Handelsbeauftragter gewesen sein. Sofern er mglw. damals aufgrund seiner Funktion diplomatische Immunität genossen hat, so besteht diese Immunität heute nach Beendigung seiner Tätigkeit als Handelsbeauftragter nur noch in Bezug auf Handlungen, die er in Ausübung seiner dienstlichen Tätigkeit gesetzt hat. Im Lichte der Natur der Vorwürfe, die im Fall Epstein gegen Prinz Andrew vorgebracht wurden, erscheint ein Bezug zu seiner früheren dienstlichen Tätigkeit als Handelsbeauftragter und damit eine weiter bestehende Immunität ausgeschlossen. Nicht ausgeschlossen werden kann eine neue diplomatische Immunität aufgrund einer zukünftigen Spezialmission im Ausland (z.B. offizieller Besuch im Auftrag der Königin; Teilnahme als offizieller Vertreter an einer Konferenz; etc.).*

Daraus ergibt sich die folgende rechtliche Einschätzung: Sollte Prinz Andrew weder als Diplomat oder Konsul, noch als Mitglied einer neuen Spezialmission, und auch nicht in Begleitung der Königin ins Ausland reisen, wäre er durch keine völkerrechtliche Immunität geschützt und könnte – bei Vorliegen eines internationalen Haftbefehls – wohl auch verhaftet werden.

Prinz Andrew weist alle Vorwürfe zurück und wehrt sich lange gegen Strafverfolgung und Zivilklagen. Doch ein US-Gericht hat entschieden: Der Duke of York muss vor Gericht.

Ein Sündenfall, der untadeliges Verhalten vermissen lässt, veranlasst die Queen zu handeln. Sie entzieht ihm die restlichen royalen Ehren und Privilegien (nach dem BBC-Interview musste er schon Titel ruhen lassen und sich aus der Öffentlichkeit zurückziehen). Der Buckingham Palast stellt in einem Statement unmissverständlich klar, dass sich Andrew nun »als Privatperson« zu verteidigen habe.

Über 150 britische Militärveteranen haben die Queen in einem offenen Brief aufgefordert, Prinz Andrew von seinen Aufgaben im Militär zu entbinden, da er den mit Dienstgraden verbundenen hohen Standards an ehrenhaftem Verhalten nicht gerecht geworden sei. Und im Schreiben heißt es weiter: »Wäre dies irgendein anderer ranghoher Militäroffizier, wäre es indiskutabel, dass er noch im Amt wäre.«

Das betrifft seine Titel:

Honorary air commodore of RAF Lossiemouth
Colonel-in-chief of the Royal Irish Regiment
Colonel-in-chief of the Small Arms School Corps
Colonel-in-chief of The Royal Lancers (Queen Elizabeth's Own)
Colonel-in-chief of the Yorkshire Regiment
Commodore-in-Chief of the Fleet Air Arm
Royal colonel of the Royal Highland Fusiliers
Royal colonel of the Royal Regiment of Scotland
Colonel-in-chief of The Royal Highland Fusiliers Of Canada
Colonel-in-chief of the Royal New Zealand Army Logistic Regiment
Colonel-in-chief of the Princess Louise Fusiliers of Canada
Colonel-in-chief of the Queen's York Rangers (1st American Regiment)

Seinen Titel als Colonel der Grenadier Guards hat Andrew erst 2017 übernommen, als sein Vater, Prinz Philip, in den Ruhestand ging.

Mit der Zustimmung und dem Einvernehmen der Queen wurden die militärischen Ränge und royalen Schirmherrschaften des Herzogs von York an die Queen zurückgegeben. Die Degradierung ist ein Versuch, den Schaden der Monarchie in Grenzen zu halten.

Am 5. Februar 2022 wird bekanntgegeben, dass Andrew am 10. März in London unter Eid vernommen werden soll. Die Anwälte der Klägerin Giuffre werden für diese zweitägige Befragung extra aus den USA eingeflogen.

Ich bin auf dieses Ereignis vorbereitet: Ich plane, in meinen Kolumnen im »KURIER« und in den »VORARLBERGER NACHRICHTEN« darüber zu schreiben und weiß aus Erfahrung, dass ich mir an diesem Tag nichts vornehmen darf, da viele Medien aus dem In- und Ausland anrufen und um meine Einschätzung bitten.

Nach Prinz Andrews Rücktritt gibt's mehr Arbeit für die jungen Royals. Andrew war immerhin Schirmherr von rund 230 Wohltätigkeitsorganisationen. Doch die Arbeitsbelastung der Mitglieder im britischen Königshaus ist noch überschaubar.

Die Queen hat Herzogin Catherine von Cambridge die Schirmherrschaft für die Organisation »Family Actions« übertragen, die sie selbst 65 Jahre unterstützt hat. Sie hat die Aufgabe von ihrer Großmutter, Queen Mary (†1953), geerbt. Die Wohltätigkeitsorganisation hat es sich zur Aufgabe gemacht, armen, sozial isolierten Menschen praktische und finanzielle Hilfe zu geben. Für Catherine eine Herzensangelegenheit und mehr Arbeit. Aber das wird ihrem »Arbeits-Statistik«-Konto nur guttun.

Jedes Jahr wird veröffentlicht, wer denn in den Königshäusern die meisten Termine wahrnimmt. Es wird ganz akribisch Buch geführt und da zeigt es sich, dass Catherine 29 Termine wahrgenommen hat. An letzter Stelle in puncto Fleiß liegt Meghan, die Herzogin von Sussex. Sie hat dieses Jahr zwölf Termine wahrgenommen. Allerdings muss berücksichtigt werden, dass sie Mutter geworden ist und zwei Wochen vor der Geburt von Sohn Archie aufgehört hat, zu arbeiten. Etwas fleißiger ist Camilla, die Herzogin von Cornwall und Ehefrau von Thronfolger Charles. Sie hat ganze sieben Termine mehr wahrgenommen.

Seit Jahrzehnten ist die Tochter der Queen die fleißigste: Prinzessin Anne. Sie liegt mit 122 wahrgenommenen Terminen an der Spitze. Dicht gefolgt von der Queen selbst, die 113 Termine mit ihrer Anwesenheit gekrönt hat. Auch mit ihren 93 Jahren nimmt sie ihre Aufgaben als Regentin sehr ernst und ist im wahrsten Sinne des Wortes das »fleißige Lieschen«.

Stimmen werden laut, wie es denn mit der Monarchie weitergehen kann, wenn die jüngere Generation so wenig arbeite und damit auch wenig

Interesse an der Monarchie zeige. Natürlich ist die Queen wegen übler Nachrede besorgt. Immerhin werden die Royals vom Volk bezahlt.

Auch Prinz William liegt mit 55 Terminen weit abgeschlagen hinter der Queen. Damit widerlegt William allerdings das Ergebnis einer Studie, die Anfang November im »KÖLNER STADT-ANZEIGER« veröffentlicht wurde: Mit der Zahl der Arbeitsstunden steige auch das Risiko, eine Glatze zu bekommen. Die hat er nämlich schon.

Bislang hat sich Papa Charles wie auch der Rest der britischen Königsfamilie nicht zu den Missbrauchsvorwürfen geäußert. Die Hofschranzen wollen wissen, dass Charles Prinz Andrew nicht länger auf Schloss Windsor willkommen heiße. Durch die Verbannung wolle er verhindern, dass er auf dem Weg zum Schloss »freudestrahlend und winkend« fotografiert werde, während er wegen des Verdachts des sexuellen Missbrauchs vor Gericht stehe.

Die Frage der Schuld oder Unschuld wird in einem Zivilprozess, der voraussichtlich im Herbst in New York beginnen wird, geklärt werden.

Und wie ich mich auch bei vielen Interviewterminen spontan auf neue Gegebenheiten einstellen muss, heißt es auch beim Buchschreiben für mich auf Aktuelles zu reagieren. Per »BREAKING NEWS« wird am Dienstag, 15. Februar 2022, bekanntgegeben: »Prinz Andrew kauft sich von Missbrauchsvorwürfen frei.« Virginia Giuffre und der neunte der britischen Thronfolge haben eine außergerichtliche Einigung erzielt. Der Herzog von York verpflichtet sich, eine »erhebliche« – nicht genannte – Summe an die Wohltätigkeitsorganisation von Virginia Giuffre, die sich für Opferrechte einsetzt, zu bezahlen. Die einen sehen das als Schuldeingeständnis, andere wiederum sind sich sicher, dass Andrew möglicherweise einem unangenehmen Prozess entgangen ist.

Andrew hat seine Unschuld stets beteuert: Er sei »dieser Lady« nie begegnet. Das Foto, das Andrew mit Giuffre zeigt, sei gefälscht.

Am 19. Februar 2022 begeht Prinz Andrew seinen 61. Geburtstag, der bereits im Vorfeld zu Änderungen seiner Ehrerweisung geführt hat. Northern Ireland's Parliament und auch das Belfast City Council werden zu seinen Ehren keine Flagge mehr hissen.

Prinz Andrews Ruf ist ruiniert. Da kann auch eine noch so hohe Geldsumme nicht darüber hinwegtäuschen.

AUTO

Ich will ein Bild von dir

Die Adeligen im Blitzlichtgewitter – auf der Jagd nach Herz, Schmerz und Skandalen. Geschichten über den Adel bescheren der Yellow Press Millionen-Auflagen. Das gnadenlose Geschäft der Paparazzi: anvisieren, abdrücken und für viel Geld das Foto zum Kauf anbieten. Der Markt ist hart umkämpft. Das brutale Geschäft der heimlichen Fotografen mit den Adeligen ist nicht zu stoppen.

Die Queen hat vorgesorgt und schätzt den Fotografen Arthur Edwards, der sie seit Jahrzehnten auf ihren Reisen begleitet. Dafür wird er von der Queen auch höchstpersönlich ausgezeichnet. »Die Königin war sehr charmant zu mir. Ich erzählte ihr, dass ich sie schon 27 Jahre begleite und fotografiere. Sie hat sich mit mir gemeinsam fotografieren lassen. Lachte und gab mir den Orden.«

Die meistfotografierte Frau der Welt war Diana. Ständig auf der Flucht vor Paparazzi. Die Königs-Berichterstatter verfolgen sie in der Öffentlichkeit jahrelang, Tag und Nacht. Als ich anlässlich des 20. Todestags von Diana eine Dokumentation mache, erzählt mir der renommierte Fotograf Roman Zach-Kiesling, wie er extra nach Lech am Arlberg angereist ist, um dort Jagd auf die urlaubende Diana zu machen: »Bewaffnet mit einem acht Kilogramm schweren Objektiv, nicht gerade handlich, habe ich mich an ihre Fersen geheftet. Vom Flughafen Zürich-Kloten kam sie mit ihren beiden Söhnen William und Harry in einem Bus. Auf meinem ersten Foto, das ich durch die Fensterscheiben des Busses bei der Ankunft gemacht habe, hat sie noch gelacht. Das hat sich dann schnell geändert. Am nächsten Tag gab es einen offiziellen Pressetermin – Diana mit den beiden Prinzen beim Skifahren. Und wie sie dann in Oberlech auf einer Terrasse Rast gemacht haben, ist sie plötzlich auf die Kameraleute und auf uns Fotografen zugekommen.«

Das künftige Königspaar

Wie die meisten verheirateten Paare, haben der Prince of Wales und seine Gemahlin ihre beruflichen Verpflichtungen und unterschiedlichen Interessen, denen sie getrennt nachgehen. Der große gemeinsame Faktor, der ihrer Ehe den notwendigen Halt gibt, sind die Kinder, an denen sie außerordentlich hängen

M… it den Jahren haben Charles und Dia… na eine gemeinsame Formel für eine … Ehe unter den Augen der Öffent… eit gefunden. Der Altersunterschied hat … emerkbar gemacht, obwohl sie anfangs … ptimismus glaubten, das würde nicht … ig sein. Diana war noch Teenager, als … kennenlernten. Charles hat sich … aum verändert, obgleich natürlich … der sein Leben geprägt haben. … e bei anderen Ehepaaren auch. … n Verliebtheit der ersten Zeit … g. In dieser Zeit wurden sich … a nicht nur ihrer Gemein… n auch der Unterschiede

… deglied sind die Ver… r den Kindern und … Charles formulierte es … isten, wenn ich zu … ein kann", und dies … ide arbeiten hart … des britischen … e sie für einen

… n

… so seh…

Ihre Zukunftspläne und Interessen sind ebenfalls sehr unterschiedlich, was in einer Ehe keineswegs ungewöhnlich ist. Diana fühlt sich in London am wohlsten und hält sich auch gern in der hügeligen Landschaft von Gloucestershire auf. Charles beharrt hartnäckig auf seiner Vorliebe für das Landleben. „Ich bin ein Landmensch. Städte kann ich nicht ausstehen", sagt er.

Charles ist in seinem Element, wenn er auf seiner Farm arbeitet. Er liebt die in vielen Gegenden noch recht unberührte Landschaft Großbritanniens, insbesonders die Gegend um Balmoral. Das Paar hat daher zu der sehr vernünftigen Regelung gefunden, daß man einfach von Zeit zu Zeit getrennt Urlaub macht. So fühlt sich keiner von den Wünschen des anderen unter Druck gesetzt.

Das offizielle Porträt von 1985 (ganz links) zeigt Charles und Diana voller Selbstvertrauen. Zu jenem Zeitpunkt hatten sie sich bereits an ein Familienleben mit Kindern und die Verantwortung als Thronfolger gewöhnt. Auch wenn ihnen noch die sichere Souveränität der Queen fehlt, haben sie sich doch gut in ihre Rolle eingefunden.

Kleine liebevolle Gesten wie dieser zärtliche Kuß nach einem Polospiel in Windsor … eine Beweis ihrer gegenseitigen Zuneigung und Liebe. Gerade diese kleinen Gesten sind es, die ihre Ehe am Laufen halten.

Der folgende Dialog ging um die Welt:

Diana: »Ich mache mit den Kindern hier Ferien. Bitte respektieren Sie unsere Privatsphäre.«

Reporter: »Das verstehe ich. Dürfen wir noch ein Foto machen?«

Diana: »Nein!«

Jetzt müssen sich die Fotografen eine neue Strategie überlegen. »Mein Kollege meinte«, erzählt Roman Zach-Kiesling weiter, »wir haben nicht mehr viel Zeit für DAS Foto, weil wir ja wieder nach Wien zurück müssen. So sind wir immer um ihr Hotel geschlichen, in der Hoffnung Diana zu sehen. Es war schon etwas dämmrig. Als ich beim Hotel hinaufschaue, sehe ich Diana im weißen Bademantel auf dem Balkon stehen.

Wir sind in das gegenüberliegende Hotel eingedrungen. Vom Restaurant hatten wir einen Blick auf den Balkon. Allerdings durfte sie uns ja nicht sehen. Da blieb mir nichts anderes übrig, als aus der Hüfte zu schießen. Und ich habe mich schon gefreut, dass ich diese Fotos in ganz Europa verkaufen werde können.

In Wien im Fotolabor kam dann leider die böse Überraschung:

Ich habe zu sehr auf das Dach visiert und man hat keine Diana gesehen. Leider, der goldene Schuss war es nicht, den habe ich verfehlt.

Doch das böse Ende kommt noch. Wochen später sehe ich in einem deutschen Magazin genau dieses Foto, das ich machen wollte: Diana im Bademantel auf dem Hotelbalkon. Da muss sich noch ein weiterer Fotograf mit mir eingeschlichen haben.«

Die britischen Paparazzi haben ein neues Objekt der Begierde gefunden: Catherine, Herzogin von Cambridge, die Ehefrau von Prinz William. Als Diana gestorben ist, hat der Zirkus London verlassen. Aber nun ist der Zirkus wieder in der Stadt. Es ist ein absoluter Wahnsinn. Es gibt so viele Informationen und Reportagen über Kate und William: Alles was man wissen und nicht wissen will, wird berichtet.

Die Queen ist nicht gerade erfreut über die Paparazzi. Sie möchte nicht, dass Kate genauso leidet wie Diana, die bis zu einem gewissen Grad an den Medien zerbrochen ist. Doch die Medienwelt ist eine andere geworden. Es ist heute viel leichter ein Foto in Sekundenschnelle um die Welt zu schicken.

Es gibt eine starke Sehnsucht nach einer schönen, heilen und friedlichen Welt. Die Hauptdarsteller findet man vorwiegend in den Königshäusern dieser

Welt. Um die konstruierte Märchenwelt zu bebildern, geht die sogenannte »YELLOW PRESS« nicht zimperlich vor. Auf der gnadenlosen Jagd nach dem besten Foto lässt sich viel Geld verdienen.

Ein wenig gewinnbringendes Foto beschert mir allerdings ein aufschlussreiches Bekennerschreiben:

»Bezaubernde Frau Bischoff, welche Überwindung, Sie nicht persönlich zu sehen und Ihnen das Geheimmaterial per Post übermitteln zu müssen. Welch' grausames Spiel Sie herausfordern. Ich erflehe die Stunde, Ihnen wieder begegnen zu dürfen. Kopf hoch, sagte der Henker, und schlug zu. Na ja, …«

Es ist ein Foto, das mich mit Lord Snowdon bei der Ausstellungseröffnung »Snowdon – eine Retrospektive« am 14. März 2001 zeigt. Das Kunst Haus Wien präsentiert als erstes Museum in Österreich die Arbeiten eines der vielseitigsten Fotografen seiner Generation.

Er fotografierte die Dietrich im Café de Paris (1955), Charlie Chaplin (1964), die Loren in Rom (1970): Tony Armstrong-Jones, besser bekannt als Lord Snowdon. Als Teenager erkrankt er an Kinderlähmung. Ein Jahr lang liegt er in Liverpool im Krankenhaus, »einem grauenhaften Ort«. Seine Mutter schenkt ihm seine erste Kamera. Doch da interessiert er sich noch für andere Dinge… Tony Armstrong Jones scheint alles zu können. Er hat eine Unterwasserkamera gebaut, Theaterkulissen, Möbel und Damen-Skianzüge entworfen, sowie Gärten, Uhren, Broschen und Rollstühle. 22 Bücher herausgebracht und zwölf Filmdokumentationen gestaltet – doch er hatte immer den Finger am Auslöser und am Puls der Zeit.

Anlässlich seines 70. Geburtstages im März 2000 waren seine Fotografien als Gesamtschau in der Londoner National Portrait Gallery zu sehen. Lord Snowdon. »Fotos sollten nicht für andere Fotografen gemacht sein. Sie sollten letztlich bei normalen Menschen Anklang finden, eine Reaktion auslösen, dass sie zum Beispiel etwas sehen, das sie bis dahin nicht wahrgenommen haben, oder aber durch das Gesehene betroffen sind.«

Er habe Röntgenaugen, diagnostizierte etwa sein guter Freund, der bedeutende Bühnenbildner Carl Toms: Er durchleuchte sein Gegenüber so lange, bis es auf ein unsicheres Nichts zusammengeschrumpft sei. Zudem besitze er eine spitze Zunge, mit der er pfeilscharfe Sätze forme, die für jene ungemein amüsant sind, die ums Ziel herumstehen.

Bezaubernde Frau Bischoff, welche Überwindung, Sie nicht persönlich zu sehen und Ihnen das Geheimmaterial per Post übermitteln zu müssen. Welch' grausames Spiel Sie herausfordern. Ich erflehe die Stunde, Ihnen wieder begegnen zu dürfen. Kopf hoch, sagte der Henker, und schlug zu. Na ja, …

Seit vielen Jahren fotografiert er die führenden Persönlichkeiten der Kunstwelt für Vogue und Vanity Fair und das Telegraph-Magazin. Es trifft zwar zu, dass sein Herz für die Welt des Balletts, für die Welt der Maler und Bildhauer schlägt, aber er hat auch eine besondere Sympathie für Bühnenschauspieler und -schauspielerinnen.

Berühmt ist er allerdings für seine Fotografien, besonders für diejenigen, die seine Verwandtschaft zeigen, die Royal Family.

Er hat Prinzessin Margaret, die auf ihre große Liebe zum geschiedenen Peter Townsend verzichten musste, am 6. Mai 1960 geheiratet. Er zeigte Prinzessin Margaret 1967 von ihrer schönsten Seite, war der einzige, der immer wieder in die königlichen Gemächer von Königin Elizabeth und Prinzgemahl Philip vordringen durfte, exklusiv die Familienidylle von Prinz Charles und Diana per Fotos dokumentierte, als das Glück bereits bröckelte.

Lord Snowdon: »Mir hat die Ehe mit Prinzessin Margaret keinerlei Vorteile gebracht. Meine Popularität als Fotograf wurde dadurch auch nicht größer.«

Tiefstapelei, falsche Bescheidenheit oder doch Verletztheit, wer weiß. Bindungsglied sind nach wie vor ihre beiden Kinder, der 1961 geborene Viscount Linley und Lady Sarah, die drei Jahre später zur Welt kommt. Rechtzeitig zur Geburt seines ersten Kindes werden Tony die Titel Earl of Snowdon und der nachgeordnete Titel Viscount Linley, of Nymans in the County of Sussex, verliehen. Lord Snowdon: »Mein Sohn ist Möbeldesigner, meine Tochter Sarah Malerin. Ich gebe ihnen nie Ratschläge, aber ich habe sehr engen Kontakt mit ihnen und treffe sie jeden Sonntag zum Lunch.«

Obwohl Prinzessin Margaret und Lord Snowdon vor der Öffentlichkeit und den Kindern lange die Fassade einer guten Ehe aufrechterhalten, spricht man 1973 bereits offen über die Eheprobleme von Margaret und Tony. Aus und vorbei ist es am 5. Juli 1978.

Tony heiratet kurz darauf seine Assistentin Lucy Lindsay-Hogg, die ihn mit Tochter Frances 1979 zum dritten Mal zum Vater macht. Lord Snowdon: »Meine Tochter Frances arbeitet in Paris mit einem Fotografen zusammen und begleitet mich auf all' meinen Reisen und zu all' meinen Ausstellungen.«

Bis jetzt hat er mit drei verschiedenen Frauen vier Kinder gezeugt. Das jüngste vor drei Jahren, Jasper William Oliver mit der 35-jährigen Melanie Cable-Alexander. Heute ist der einstige Wunsch-Schwiegersohn aller Mütter sehr gebrechlich: Seine Beine tragen ihn immer schwerer und auch das Hören fällt ihm zusehends schwer.

Auf alles ist Lord Snowdon stolzer als auf seine Fotografie, über alles redet er mehr. Weniger nur noch über seine Bekanntschaft mit den Königlichen Herrschaften Englands. Daran ändert auch der Gesundheitszustand seiner Ex-Frau, Prinzessin Margaret, der nach drei Schlaganfällen sehr kritisch ist, nichts. Als hätte er auf diese Frage gewartet, antwortet er prompt und äußerst gefasst: »Das Schwierigste in meinem Beruf ist das frühe Aufstehen am Morgen, das hasse ich. Alles, was nicht gezeichnet werden kann, fotografiere ich. Fotografieren ist keine große Kunst.« Kein Hörfehler, denn auch auf das neuerliche Fragen gibt er monoton zum zweiten Mal die gleiche Antwort. Keine Antwort ist auch eine Antwort. Die Worte Prinzessin Margarets nach der Scheidung tun offenbar immer noch weh: »Eines steht fest«, meinte Margaret, »meine große Liebe Peter Townsend habe ich umsonst geopfert!«

Darauf gibt es keine Antwort.

Peter Lindbergh bekommt Antwort. Die in Hamburg geborene Tatjana Patitz hat gerade ihrer Heimat Schweden den Rücken gekehrt, als sie der Topfotograf in Paris aus der Masse der namenlosen Models herauspickt. Ihre Ausstrahlung fasziniert! »Es gibt Gesichter, wie zum Beispiel das von Robert de Niro, das auf den ersten Blick unscheinbar ist«, weiß Meisterfotograf Lindbergh. »Und dann zeigt das Foto eine starke Persönlichkeit.«

Seit diesem Moment gehört Tatjana Patitz zur Elite-Liga und neben Cindy Crawford & Co. zu den höchstbezahlten Models der Welt, kassiert bis zu 280.000 Schilling Tagesgage. Sie erobert alle Laufstege und Designer der Welt.

Fotoshooting in den Pin up-Studios in Paris. Das deutsche Supermodel Tatjana Patitz ist 1999 das neue Gesicht der Werbekampagne des Schweizer Uhrenkonzerns »LONGINES«. Hinter der Fotokamera, Peter Lindbergh, ihr Entdecker: »Das Produkt, das ich fotografiere steht immer im Hintergrund, der Mensch ist wichtig.« »Ich suche mir meine Werbeaufträge ganz genau aus, ich möchte mich mit dem Produkt identifizieren können«, erklärt die 1,80 Meter große und 57 kg leichte Tatjana.

Ein Schwergewicht im Modebusiness ist Werner Schreyer, Österreichs einziges männliches Fotomodell, das zur internationalen Spitze zählt. Der 25-jährige Wiener (aus Simmering) ist das werbliche Aushängeschild der deutschen Modefirma Hugo Boss. Er lächelt für »HUGO« von Plakaten und Anzeigen. »Ich bin ständig unterwegs: Mailand, Paris, London, Rom, Wien. Gerade eine Woche bin ich zum Skifahren gekommen. Da war ich in Tirol, in Sankt Anton. Es war super!« Und nachdem Werner Schreyer nicht einfach nur ein schöner Mann sein will, hat er ganz klare Vorstellungen von seiner Zukunft. »Ich möchte ins Filmgeschäft einsteigen. Zwei kleine Rollen habe ich schon gespielt. Aber jetzt schreibe ich gerade an meinem ersten Filmdrehbuch, das ich demnächst als Produzent verwirklichen möchte.« Er hat eben das Zeug – zum Boss.

Er hat erreicht, wovon viele träumen: hohes Einkommen, Jet-Set-Partys, Filmkarriere. »Schönheit allein reicht nicht, aber wirklich schaden tut sie auch nicht.« Er hat keinerlei Ambitionen ewig ein schöner Mann zu sein und nützt sein schauspielerisches und vor allem künstlerisches Talent.

Seit ihn der Mailänder Modepapst Gianni Versace höchstpersönlich für eine Modereportage entdeckt hat, sind weltweit Designer und Fotografen verrückt nach ihm.

Doch wie konnte man sich vor der Fotografie ein Bild vom anderen machen? Da bin ich bei der Brautschau der adeligen Herrschaften aus früherer Zeit fündig geworden. Die in Frage kommenden Bräute und Bräutigame waren ja meist in anderen Ländern und daher konnte man nicht hinreisen, um sie persönlich kennenzulernen. Daher gab es eigene Hofmaler, die auf Porzellanminiaturen die Köpfe und Gesichter der Prinzessinnen und Prinzen des jeweiligen Hofes aufgemalt haben. Mit diesen Miniaturen ist man dann an die Höfe anderer Königshäuser gereist, hat sie hergezeigt und da konnte sich dann ein König oder Prinz in dieses Gesicht verlieben. Aber oft gab es da auch ein böses Erwachen, weil die Hofmaler natürlich ihre Kundschaft möglichst idealisiert dargestellt haben.

»Mein ganzes Lebenswerk war innerhalb weniger Stunden vernichtet.« Mit Tränen in den Augen erzählt mir das ein mir unbekannter, grauhaariger Mann, zu dem ich mich – nach höflichem Fragen – im überfüllten Café

AIDA nahe des Wiener Stephansdoms an den Tisch gesetzt habe. Er ist mir auf Anhieb sympathisch. In seinen Augen blitzt trotz der Traurigkeit immer wieder ein Lächeln durch. Ich habe Interesse an diesem Menschen. Wer bist du Unbekannter, der gerade dabei ist, vor mir sein Leben auszubreiten? Es ist der ehemalige Hofmaler des Schah von Persien, Professor Mehdi Sadjadi.

Mit dem Sturz des Schahs Mohammad Reza Pahlavi im Jahre 1979 endet Sadjadis Stellung als Hofmaler abrupt. Auf einem seiner bekanntesten Bilder hat er das Kaiserehepaar in Lebensgröße dargestellt. Dieses Bild wird öffentlich verbrannt. Alle Porträts und rund 150 Originale seines Schaffens werden von den Wänden der kaiserlichen Paläste gerissen und verbrannt. Die Arbeit von Jahrzehnten ist innerhalb weniger Stunden vernichtet.

Der heute 80-jährige Mehdi Sadjadi kommt als Sohn eines Dichters in Mittelpersien zur Welt. Schon mit elf entdeckt er seine Leidenschaft für die Malerei.

1953 wird er vom Schah zum Hofmaler ernannt, der durch zwei Ausstellungen auf ihn aufmerksam geworden war. Nun lebt er seit vielen Jahren in Wien. In seiner Wahlheimat bekleidet er den Posten des europäischen Presseattachés.

Auch hier ist er längst zum »Hofmaler« der Prominenz geworden. Immerhin zählten die Bundespräsidenten Schärf, Jonas, Kirchschläger und Waldheim ebenso zu seiner Kundschaft wie die Kanzler Figl und Raab. Konrad Adenauer saß ihm genauso Modell wie Winston Churchill und Ronald Reagan.

Zwei Melange später lädt er mich in sein Atelier ein, um mir seine Werke, seine Bilder zu zeigen. Ein paar Gemälde konnte er retten. Sie stehen gut getarnt zwischen seinen anderen Werken. »Ich möchte sie beschützen, sind sie doch Zeugen eines Lebensabschnittes, der uneinbringlich vorbei ist. Ich will, dass sie überleben.«

Fast täglich sitzt er um elf Uhr Vormittag an seinem Tischchen im AIDA. Oft bin ich vorbeigekommen, habe mich wie selbstverständlich zu ihm gesetzt. Er zeigt sich dankbar für unsere gemeinsame Zeit. Er hat sich nicht aufgegeben. Sein Herz ist auf Versöhnung programmiert. Manchmal beschreibt er mir sein Heimweh: »Wenn ich eine Blume rieche, wenn ich die Landschaft sehe oder wenn ich Musik höre...« Dann konnte auch ich den Duft seiner Heimat erahnen.

Begonnen hat unsere Freundschaft am 27. Jänner 2004, also vor 18 Jahren. Im Mai 2013 ist er kurz vor seinem 100. Geburtstag in Wien gestorben. Wenn ich ihn auf dem Kagraner Friedhof besuche, bin ich voller Dankbarkeit, welchen Menschen ich in meinem Leben begegnen durfte. Ein großes Geschenk, das mir immer und immer wieder zuteil wird.

Lange ist nicht klar, ob es der künstlerischen Freiheit geschuldet ist oder nicht. Fotos einer nackten Marilyn Monroe, die quer durchgestrichen sind. Bert Stern fotografierte 1962 Marilyn drei Tage lang, sechs Wochen vor ihrem Tod. Am 21. Oktober 1992 findet im Technologiemuseum in Wien die Eröffnung der Monroe-Ausstellung statt. Bert Stern ist anwesend und ziert sich überhaupt nicht, mir Rede und Antwort zu stehen. »Ich wollte zwei Dinge von der schon zu Lebzeiten zum Sexsymbol gewordenen Monroe: ein ultimatives Porträt und Aktbilder.« Im Auftrag der Modefibel »VOGUE« trifft er Marilyn im Bel Air Hotel in Los Angeles und es entstehen ungewöhnliche Aufnahmen. 2.500 Bilder – einige davon zerkratzte und zensierte Marilyn Monroe persönlich mit Nagellack. Sie wollte verhindern, dass sie veröffentlicht werden. Das Gegenteil ist eingetreten. Die durchgestrichenen Fotos haben an Wert gewonnen. Bert Stern behauptet: »Es war Marilyns Idee, sich nackt fotografieren zu lassen. Auch der um seine Meinung gefragte Hair-Stylist fand die Idee ›göttlich‹. Daraufhin ließ die Monroe sämtliche Hüllen fallen. Nicht auszudenken, wenn der Friseur Marilyn abgeraten hätte.«

Auch die »VOGUE« ist vom Resultat begeistert. Wenige Tage vor Erscheinen des Heftes erfährt die Welt von der Todesnachricht Marilyn Monroes. Trotz Fassungslosigkeit entscheiden sich Stern und die Redaktion für das unveränderte Erscheinen der Story, die damit zu einem Denkmal wurde.

Die Bilder aus der Reihe »Last Sitting« sind wohl die berühmtesten von Bert Stern. Er veröffentlicht die Fotos erst 1982 anlässlich des 20. Todestages der Monroe. »Die Bilder sind heutzutage genauso legendär wie die Filmdiva selbst,« ist Bert Stern überzeugt.

Staatliches Walzergetöse

»Kindchen, ich möchte schöne Bilder mit nach drüben nehmen. Berührende Worte der ältesten Opernballbesucherin, die mit ihren 100 Jahren in einer Loge sitzt und das Staatsgewalze von oben beobachtet.« Auch ich habe den Opernball besucht, genau 30 Mal – und habe dort nie einen Walzer getanzt. Immer war ich im Arbeitseinsatz. Habe viele Kilometer in der Oper zurückgelegt (unter meinem langen Ballkleid die bequemen Schuhe versteckt). War immer unter Zeitdruck. Aus den aktuell gedrehten Interviews habe ich vor der Oper in einem Schnittbus zwei – manchmal auch vier – Beiträge gestaltet, die gleich noch in der Nacht gesendet wurden. Heute kann ich berichten: Ich bin mit meinen Beiträgen immer zeitgerecht fertig geworden. Das ist der Verdienst meines Teams, Kameramann, Ton- und Lichtmann, Skriptgirl und Skriptboy und des Cutters, der sensationell schnell war und bereits auf Zuruf des Timecodes wusste, welches Bild er nehmen muss. War ein OT (= Originalton) besonders gut, wurde er mit einem dicken Punkt versehen. Somit erkannte ich im Schneideraum schnell die besonderen Aussagen, die ich verwenden wollte. Für mich beginnt die Opernball-Nacht bereits mehrere Tage vorher. Das Mobiltelefon läutet außergewöhnlich oft. Prominente wollen nichts dem Zufall überlassen und bereits im Vorhinein einen Interviewtermin mit mir vereinbaren. Sie füttern mich mit Stoff, erzählen, dass sie die originellste Robe (anlässlich der Euro-Einführung aus lauter Euro-Scheinen gefertigt), die leuchtendste Kreation (auf Knopfdruck blinkt das Kleid), das süßeste Modell (von oben bis unten mit Schokoladeplättchen gefertigt) beim Walzerfest tragen werden. Wer sich 2013 mit dem teuersten Kleid unter die Ballgäste mischt, hat sich im Vorfeld schnell herumgesprochen: Patricia Schalko, Freundin von Multi-Millionär Georg Stumpf, trägt eine Elie Saab-Schöpfung um kolportiere 150.000 Euro zur Schau. »Ich habe mir ein Kleid von Elie Saab machen lassen. Eine Einzelanfertigung in Petrol.

Ich kenne Saab persönlich, bin dafür extra zu ihm nach Paris geflogen. Es wurde von 100 Näherinnen in Handarbeit angefertigt.«

Am Vortag eines jeden Opernballes gibt es um 19 Uhr 30 die Generalprobe. Jedes Jahr mit Publikum und jedes Jahr rasend schnell ausverkauft. Zu einem erschwinglichen Eintrittspreis: der erste Blick auf die Debütanten und auf den Opernstar.

Am Nachmittag des Opernballes organisiere ich die Musik, die ich verwenden will, überlege mir Textbausteine, die ich dann in der Nacht, wenn es schnell gehen muss, einbauen kann. Alle Namen der möglichen Ballbesucher übergebe ich meinem Cutter, damit er sie bereits lange vor dem Bearbeitungstermin in den Computer einspeisen kann – bei der Beitragsgestaltung erst die Inserts zu schreiben, ist zeitlich unmöglich.

BEMERKUNG

Heute ist die Nacht vom 25. auf den 26. Dezember 2021. Die Uhr zeigt 3 Uhr 38. Draußen lässt Corona gerade wieder einmal das Wüten abflachen, Omikron soll im Anmarsch sein... Ich hocke in meiner Bubble und bekomme von alledem nichts mit. Sperrstunde wann gestern, Sperrstunde wann heute, Sperrstunde wann morgen? Ich nütze diese außergewöhnliche Zeit, um genau dieses Buch zu schreiben. Bin völlig in meine Arbeitswelt von damals eingetaucht. Manchmal zwicke ich mich – so wie jetzt – und frage mich: »Lisbeth, bist du noch da? Spürst du dich?« Menschen habe ich schon seit Wochen nicht mehr getroffen. Das wird auch so bleiben, bis ich mit dem Schreiben fertig bin. Abgabe für dieses Buch habe ich Ende März. Ein freiwillig gewählter Rückzug mit viel Kreativität. Im ersten Lockdown 2020 ist mein Buch »Frauen für die Krone« entstanden. Wenn das so weitergeht...

Die jährliche Ballsaison findet ihren Höhepunkt beim glanzvollen Opernball in der Wiener Staatsoper. Der Staatsakt im Walzertakt ist mit seinen tausenden Besuchern das bedeutendste Ereignis für Kulturschaffende, Unternehmer, Politiker und Prominente aus nah und fern. Eine wahre Fundgrube für Pseudo-Intimes und Persönliches. Ein Ereignis, das stets Berichterstatter aus der ganzen Welt anzieht und schon Monate vorher für Schlagzeilen sorgt.

Und ein Hauch von K&K-Romantik und Sisi-Nostalgie weht alljährlich durch den schönsten Ballsaal der Welt.

»Es war sehr schön, es hat mich sehr gefreut.« Diese Standardfloskel kann Kaiser Franz Joseph in Bezug auf den Opernball nicht anwenden. Majestät hat ihn nämlich nie besucht. Denn er war ein notorischer Frühaufsteher und daher kein Freund von nächtlichen Veranstaltungen. Legendär seine allabendliche Bitte: Morgen wecken um halb vier Uhr, wie immer.

Lotte Tobisch: »Der Opernball war für mich ein Faschingsfest, eine merkwürdige anachronistische Geschichte: Der jeweilige Bundespräsident erscheint sozusagen als Nachgeburt von Kaiser Franz Joseph – das ist halt so und das ist sehr hübsch und wir alle spielen heile Welt und einige spielen es besser und einige spielen es schlechter. Der Opernball, der muss voll sein und es muss auch eine gewisse Lautstärke haben und es muss mühsam sein zu tanzen. Sonst ist es nix, das ist so.«

Die Geschichte des Opernballs beginnt mit Kaiser Franz Joseph, denn auf dessen Geheiß wird an der Wiener Ringstraße ein neues Opernhaus erbaut und 1869 feierlich eröffnet. Doch seine Majestät verweigert von Anfang an die Erlaubnis in seinem »Theater« Tanzfeste zu veranstalten. Das kaiserliche Einverständnis zur Soirée gibt es 1877. Einzige Bedingung: kein Tanz!

Die Einladungskarten des Comités trugen die sacramentale Bezeichnung u.A.w.g.. Im gegebenen Fall bedeutete dieselbe ausnahmsweise: »Unter Anderem wird getanzt!«

Die erste Soirée beginnt als Konzert. Walzerkönig Johann Strauß dirigiert das Hofopernorchester. Als dann Johanns Bruder Eduard, genannt der schöne Edi, mit der Straußkapelle erstmals seine Opernsoirée-Polka zur Aufführung bringt, hält es die Wiener nicht mehr auf ihren Sesseln. Sie tanzen. Der Opernball ist geboren, auch wenn er zunächst nicht so heißen darf.

In der Theatersaison 1877/78 werden drei Opernsoiréen angekündigt. Die Einladungskarten des Comités trugen die sacramentale Bezeichnung u.A.w.g.. Im gegebenen Fall bedeutete dieselbe ausnahmsweise: »Unter Anderem wird getanzt!«

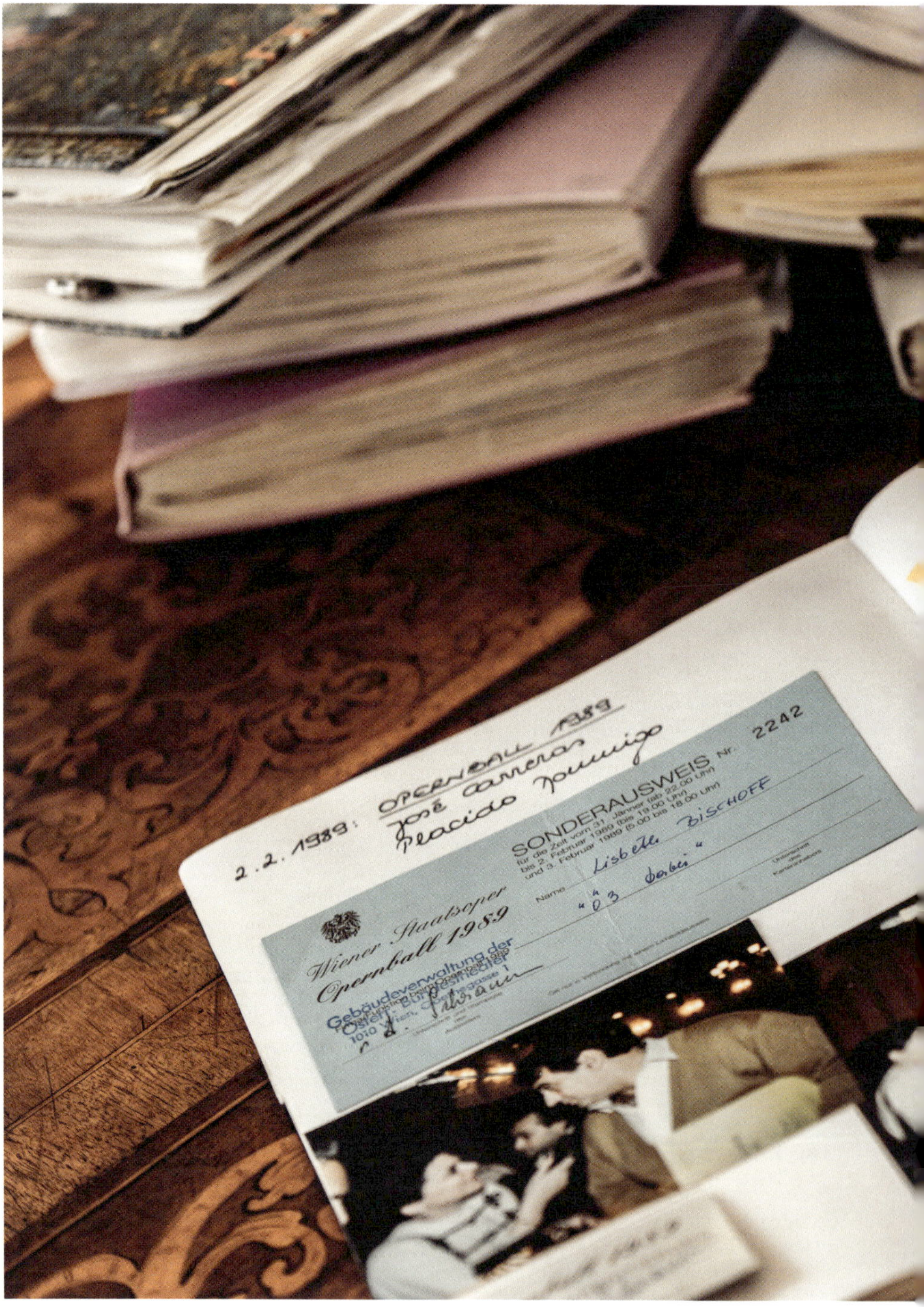
2.2.1989: OPERNBALL 1989
José Carreras
Placido Domingo
SONDERAUSWEIS Nr. 2242
Wiener Staatsoper
Opernball 1989
Name Lisbeth BISCHOFF
Gebäudeverwaltung der

PRESSE
PLACIDO DOMINGO

Als Vorbild dient der Pariser Opernball, der sich schon 1717 etabliert hat.

Den Soiréen folgt die Hofopern-Redoute. Die Feierlaune wird durch den Selbstmord von Kronprinz Rudolf 1889 allerdings unterbrochen. Der erste Weltkrieg und der damit verbundene Untergang der Monarchie 1918 bremst die imperialen Feste.

Auch die Opern-Redoute findet erst wieder ab 1921 statt. Zu diesem Anlass wird die Oper zum Ballsaal umgebaut.

1935 wird der Opernball zum ersten Mal offiziell als Staatsball gefeiert. Das Medieninteresse gilt vorerst dem britischen Thronfolger Edward, der überraschend zum Skifahren in Kitzbühel eintrifft. Den Reportern ist untersagt, »den Prinzen anzusprechen oder gar zu fotografieren«. Diese Beschränkungen gibt es beim Opernball nicht. Die in- und auch ausländische Presse ist erwünscht. Und die berichtet auch ausführlich vom Walzerfest, das mit einem handfesten Skandal endet. Fälscher haben über 100 Eintrittskarten nachgedruckt und sie unter der Hand zum halben Preis verschleudert.

Bis 1939 erlebt der Opernball eine Hochphase. Trotz des bevorstehenden Ausbruchs des Zweiten Weltkrieges wird er auf Anordnung der deutschen Reichsregierung am 21. Februar 1939 durchgeführt.

Die Melodien des unsterblichen Wiener Walzers werden vom Lärm der Kriegswaffen bald verdrängt.

Bei Bombenangriffen wird die Staatsoper am 12. März 1945 zerstört.

1955 – als der österreichische Staatsvertrag unterzeichnet wird – erstrahlt die Wiener Oper nach dem Wiederaufbau im neuen alten Glanz. Als sich im Haus am Ring zu Beethovens »Fidelio« der Vorhang hebt, laufen schon die Vorbereitungen für den ersten Opernball der Zweiten Republik.

Am 9. Februar 1956 ist es soweit: Nach 17-jähriger Tanzpause eröffnen Bundespräsident Theodor Körner und Bundeskanzler Julius Raab den ersten Opernball im neuen Haus. Doch genau in dieser Ballnacht kommt es zu einem ungeheuren Kälteeinbruch. Die Temperatur sinkt auf minus 26 Grad. Der ganze Blumenschmuck, die vielen tausend Nelken, alle erfroren.

Der Run auf die Logenplätze beginnt lange bevor der Opernball über die Bühne geht. Um sich vom gewöhnlichen Ballgast abzuheben, bevorzugt die internationale Crème de la Crème oder die, die sich dafür hält, einen Logenplatz in luftiger Höhe. Erste Reihe fußfrei sozusagen, mit freiem Blick auf das Walzergetümmel. Wer letztendlich eine Loge zugeteilt bekommt, das wird mit dem jeweiligen Botschafter abgesprochen. Es gibt eine Warteliste, doch zaubern kann die jeweilige Opernball-Organisatorin auch nicht.

1988 wurde erstmals gegen den Ball demonstriert. Dafür wurde sogar ein »Anti-Opernball«-Komitee gegründet.

Die Opernball-Demos wiederholten sich jedes Jahr und erreichten 1989, als die Chaoten einen eroberten Mercedes als Rammbock einzusetzen versuchten, den vorläufigen Höhepunkt. Ich saß vor der Oper in einem Schnittbus, um aktuelle Geschichten zu schneiden. Der Bus wurde von außen stark durchgerüttelt. Ich hatte Angst, dass der Bus umkippt... Tolle Arbeitsbedingungen.

Beim Opernball macht Bundeskanzler Bruno Kreisky in der Loge die Honneurs, während sein Sohn »Peterle« bei einer Demonstration draußen vor der Oper mitmarschiert. Da wird Kreisky von einem Reporter gefragt: »Hier stehen Sie als Bundeskanzler im ordensgeschmückten Frack und draußen demonstriert ihr Sohn. Was sagen Sie dazu?« Da meinte Kreisky lapidar: »Langsam wird er zu alt dazu.«

50.000 Blumen schmücken den wohl schönsten Ballsaal der Welt in der Wiener Staatsoper. 2015 war's, als der etwas gewöhnungsbedürftige Geruch des Blumenschmucks die Staatsoper durchweht und einem fast den Atem raubt. Der Opernball ist brav geworden – keine Skandale, nur ein Blümchen tritt 2016 aus seinem Schatten. Es ist Schleierkraut, das bis zum Opernball eher ein Mauerblümchendasein führte. Doch in der Ballnacht war der Blumenschmuck Thema Numero eins – vielleicht auch in Ermangelung eines Skandals. Sei es wie es ist: Gegen das Schleierkraut ist kein Kraut gewachsen.

Drei Sattelschlepper braucht es, um Lebensmittel und Equipment zur Oper zu transportieren. 2.300 Flaschen Mineralwasser, 900 Flaschen Wein und 2.120 Gläser Champagner. Die Gäste verdrücken 1.800 Paar Würstel, 750 Sandwiches und 1.000 Stück Petits Fours. 40.000 Gläser, 5.000 Besteckteile und 600 Sektkübel sind auf Hochglanz poliert, wenn der Opernball offiziell eröffnet wird.

Die Demonstranten sind inzwischen verstummt, doch der Schrei nach Prominenz ist nach wie vor unüberhörbar. Alljährlich wird viel spekuliert, wer denn wohl von den Reichen und Schönen beim Opernball antanzen wird. Und wenn sie kommen, mit wem sie kommen und vor allem, mit wem sie gehen.

Ich möchte schon wissen, wer mit wem schläft. Man weiß es viel zu wenig, es wird ja viel geschlafen, ohne dass man irgendwas davon erfährt.

Schauspieler
Helmut Fischer

Schauspieler, Tänzer, Sänger und Prominente aus Politik, Sport und Kultur fungierten schon immer als Aufputz für das beeindruckendste Ballereignis der Saison. Da trifft es sich gut, dass die holländische Königsfamilie 1962 im Nobelskiparadies Lech am Arlberg auf Urlaub weilt und Kronprinzessin Beatrix auf ein Tänzchen beim Opernball vorbeischaut.

Hollywoodschauspielerin Shirley Mac Laine ist so hungrig zum Opernball gekommen, dass sie in den Logen nach Brötchen gesucht und alle übriggebliebenen verzehrt hat.

Haltung bewahren heißt es, wenn Republik auf Krone trifft. Das war der Fall, als beim Opernball 1978 das damalige spanische Königspaar Juan Carlos und Sofia zu Besuch in der Regierungsloge war.

Die Gattin des philippinischen Präsidenten, Imelda Marcos ließ sich – dem Vernehmen nach – mit nur einem Paar Schuhe sehen. Die First Lady lebt nämlich auf großem Fuß – sie besitzt eine Sammlung von tausenden Schuhen.

Hollywoodschauspieler Richard Burton drehte zur Opernballzeit gerade in Wien den englischen Monumentalfilm »Wagner« und kam so betrunken zum Opernball, dass er gleich – nachdem er die Feststiege hinaufgeschritten, nein, besser, hinaufgetorkelt war – einen Blumentopf küsste und für den Rest der Ballnacht ausfiel.

1990 beehrt Prinzessin Caroline von Monaco mit ihrem damaligen Ehemann Stefano Casiraghi den Wiener Opernball. Sie kommt auf Einladung von Christa Mayrhofer-Dukor, der Cousine ihrer Mutter, Fürstin Gracia Patricia. Im Rummel steigt man ihr bereits bei der Feststiege aufs Lagerfeld-Couture-Kleidchen. Der Gang zur Loge Nummer elf wird durch die vielen Fotografen zum Spießrutenlauf. Caroline hüllt sich in Schweigen (gibt keines der zugesagten Interviews) und in viel Nikotin.

Schauspieler Helmut Berger wird seinem Ruf als Diva gerecht, als er 2015 zum Opernball erscheint. Sonderwünsche erhält auch das Hotel: weiße Rosen und CDs mit Arien von Maria Callas. Auch die Möbel müssen entsprechend den Anweisungen des einstigen »schönsten Mannes der Welt« umgestellt werden. Helmut Berger erscheint im Rollstuhl, wurden ihm doch just vor dem Ball die Nähte an seinem gebrochenen Bein entfernt und ein leichter Gips angebracht. Das Gerede ist ihm sicher.

Doch das weiß Opernstar Ildiko Raimondi: »Eine Diva kommt später und geht früher, damit man noch über sie reden kann.«

Selbst erlebt beim Opernball 2015. Als ich die leere Feststiege verlassen will, gibt's ein »Bahöö«, also einen Krawall, beim Haupteingang. Von Bodyguards umhüllt und in weißen Nerz eingehüllt erscheint Topmodel Naomi Campbell gemeinsam mit der Kärntner Millionärsgattin Kathrin Glock. Im Blitzlichtgewitter der Gang über die Feststiege hinauf Richtung Ballsaal. Genauso schnell, wie die beiden gekommen sind, verschwinden sie wieder und rauschen an mir vorbei. Ein 10-Minuten-Auftritt, der ihnen Medienpräsenz in ungeahntem Ausmaß beschert hat.

Eine Diva kommt später und geht früher, damit man noch über sie reden kann.

Opernsängerin
Ildiko Raimondi

»Dass die berühmten Leute von sich aus zum Opernball kommen, ist eine berühmte Legende. Das ist nie gewesen, die muss man einladen«, sagt Lotte Tobisch.

Baumeister Richard Lugner hat's sofort begriffen. Er hat es sich zum Ziel gesetzt, das gesellschaftliche Parkett zu erobern. Mit besonders reizvollen finanziellen Verlockungen lädt der Szene-Adabei Prominente zum Opernball ein. Die sogenannte »Verlugnerung« des Opernballs beginnt 1992: Der erste Gast ist Musiker Harry Belafonte, mit dem der Baumeister versucht, sein gesellschaftliches Image aufzupolieren. Auch wenn der Baumeister öfters in der Kritik steht – ja, gut, über sein Streben nach medialer Aufmerksamkeit kann man geteilter Meinung sein – habe ich persönlich nur gute Erfahrungen mit ihm gemacht: Jede mündliche Zusage betreffend des Interviewtermines seines Gastes hat er eingehalten, der Mann hat Handschlagqualität.

Die kulinarische Einstimmung zum Opernball gibt's zu gesalzenen Preisen. Die Luxusrestaurants rüsten zum großen Ballereignis. Die neue Bescheidenheit ist kein Thema unter den Küchenchefs. G'schmackige 400 Euro

kostet ein viergängiges Menü. Wer die Kreditkarte nicht glühen lassen will, besucht das »Kleine Sacher«, den Würstlstand vis à vis der Oper.

»Letztlich ist der Opernball so ein imperial-republikanisches, na sagen wir, ja nur ein sehr, sehr schönes Faschingsfest«, stellt Lotte Tobisch fest. »Es ist in der Kategorie des Ernstnehmens etwa der Gartenzwerg oder die Mozartkugel. Aber die mögen wir ja auch.«

Derart gestärkt beginnt der eitle Rummel auf der Feststiege. Ich halte Ausschau nach den mitwirkenden Künstlern, eingeladenen Prominenten, den internationalen Ballgästen, die ich um eine Wortspende bitten möchte – und das Mitten im Gewühle. Und da beschleicht mich doch so ein eigenartiges Gefühl, ein beklemmendes Gefühl. Und Sie werden gleich verstehen warum.

Im April 1997 wird in der Wiener Staatsoper der erfolgreiche Roman »Opernball« von Josef Haslinger verfilmt. Ein schreckliches Szenario wird im Bestseller geschildert: ein Anschlag auf den Wiener Opernball. Ich war damals bei einem Nachtdreh dabei. Eiskalt war es, ich erinnere mich genau, als die Katastrophe filmisch festgehalten wurde. Mich schaudert. Doch viel Zeit dafür habe ich nicht. Ich muss meine Interviews drehen. »Die Gurke«, wie wir Fernsehleute das Mikrofon nennen, spontan unter die Nase gehalten, wirkt für viele bedrohlich. Vor lauter Aufregung versagen Deo und Verstand. Und trotzdem noch die richtigen Worte finden, wenn es heißt: »Achtung: Kamera läuft!« Viele sind vorbereitet und sagen das Auswendiggelernte, egal welche Frage ich stelle. So können sie aus jeder Interviewsituation als SiegerIn heraustreten und umgehen auch die Angst vor dem Phallus-Symbol, dem »Mikrofon«.

Übrigens: Kunst – auch die, den Medien Rede und Antwort zu stehen – kommt von Können! Und Können, Kompetenz, ist lernbar. Aufgrund der vielen Anfragen habe ich Kurse angeboten, um Selbstpräsentation und Argumentation im Kontakt mit Fernsehen und Funk zu erarbeiten. Wenige Sekunden entscheiden über Akzeptanz oder Ablehnung von Leistungen oder Produkten. Beim Sport ist es der Trainer, im Job der Coach, der Ihre Stärken trainiert, Sie fit macht für Rekorde und Ihnen aufs Siegertreppchen hilft. Wer es versteht, seine Vorzüge souverän ins »Scheinwerferlicht« zu stellen, hat schon gepunktet.

Und das bestenfalls in 15 Sekunden.

Doch zurück zum Opernball: Spaß hat die Bussi-Bussi-Gesellschaft sicherlich, denn die läuft jetzt beim Gang über die Feststiege zur Hochform auf. Doch Achtung: Laut Benimmpapst Thomas Schäfer-Elmayer steht ein Handkuss einer Dame nur dann zu, wenn sie verheiratet beziehungsweise älter als 30 Jahre ist. Und auch dann darf nur in geschlossenen Räumen und auf Bahnsteigen geküsst werden. Gut, geküsst oder ungeküsst – auf dem schönsten Walzerfest der Welt sorgen neben den prominenten Gästen auch die Roben für Gesprächsstoff. Und in Zeiten wie diesen, wenn die Damenmode die natürliche Form des weiblichen Körpers nicht mehr respektiert, sondern das Feminine verwischt, liegt der Smoking für Frauen stark im Trend. Der französische Designer Yves Saint Laurent ist der leidenschaftlichste Befürworter des Smokings für Frauen. Seine femininen Smoking-Jacken lassen das Schlüsselbein frei und werden mit eleganten Hosen ausgehfein. Dann müsste nur noch die Opernball-Etikette geändert werden, denn behoste Damen auf dem Opernball gelten als Affront. Vorschrift ist Vorschrift!

Die Glamour-Diven nutzen ihren ganzen Körper um ihr modisches Verständnis auszudrücken. Die Mode ist, glaube ich, der wichtigste Stoffwechsel für die Damen im Jahr. Die Putzsucht legt über die Jahre immer mehr offen. Unverhüllt offenbart sich dann die ganze Herrlichkeit auf der Feststiege – auch in wirtschaftlich schwierigen Zeiten heißt es offenbar protzen, um mageren Zeiten zu trotzen. Ausladende Dekolletés für einladende Komplimente.

Die Frage ist, was ziehe ich an, damit ich anziehend wirke. Der Opernball ist eine einmalige Gelegenheit aufzufallen.

Wenn auch manchmal ungewollt. Schauspielerin Jane Tilden besuchte einmal in einem weiß-schwarzen Adlmüller-Modell mit Namen »Palais Esterházy« den Opernball, dessen rückwärtiger Zippverschluss eine peinliche Neigung zu überraschenden Entblößungseffekten zeigte.

Und als die neue First Lady Margot Klestil-Löffler neben ihrem Bundespräsidentengemahl Thomas Klestil die Feststiege hinaufschreitet, frage ich sie, nach welchen Gesichtspunkten sie ihre Robe für ihren ersten Opernball ausgewählt habe.

Ihre Antwort ist beeindruckend ausführlich: »Nach modischen!« Ah ja, so genau wollte ich es dann doch nicht wissen.

Doch das ist noch nichts gegen die Story, die mir »KRONE«-Adabei Roman Schließer für eine »Opernball-Dokumentation« erzählt hat: »Ich kann mich erinnern, einmal war die Lo Sachs, das ist die Schwägerin von Gunter Sachs, auch auf dem Opernball. Ich schrieb damals, sie sei mit dem tollsten Schmuck überhaupt auf dem Ball gewesen – für acht Millionen Schilling (= 581.000 Euro). Da rief mich die Heidi Horten an, mit der ich sehr gut befreundet bin, und sagte: ›So ein Schwachsinn, ich habe Schmuck für 60 Millionen Schilling (= 4.3 Mio Euro) getragen.‹«

Und diese Schätze werden Dank der Medien weltweit zur Schau gestellt – auch wenn sie heute meistens unecht sind. Was für Frauen zur quälenden Kleiderfrage eines ganzen Jahres werden kann, ist für den Herrn in ein paar Sekunden erledigt. Denn die Etikette sagt: Ein Frack muss es sein.

So hat er eine Hose mit zwei schmalen Galons oder einem breiten Galon, Frackhemd, weiße Weste und weiße Schleife und Lackschuhe oder Lackpumps zu tragen. Und wenn schon Hut, dann bitte einen Zylinder.

Der Frack entstand im 18. Jahrhundert und war Offizieren vorbehalten, bis er mit heller Kniehose in die Kreise des Bürgertums vordrang. Erst zu Beginn des 19. Jahrhunderts wurde die lange Röhrenhose ein Bestandteil des Fracks. Um 1850 verschwand er von der Straße und blieb nur noch Ballkleidung.

Beim Opernball trifft sich eine sehr gemischte Gesellschaft, die durch den Frackzwang ein homogenes Bild erhält. Und der Frack beim Opernball ist kein elitäres, sondern ein egalitäres Kleidungsstück. »Ich hoffe, dass der Frackzwang beim Opernball beibehalten wird, denn sollte er abgeschafft werden, verkommt der Opernball zum normalen Ball«, stöhnt Lotte Tobisch.

Die Darstellungsformen männlicher Eitelkeit sind somit streng reglementiert. Es gibt kein Schlupfloch. Die Frackträger, die mit stolz geschwellter Brust ihre oft belächelten Versatzstücke der männlichen Ehre zur Schau tragen. Die Herren mit ihrer Ordenspracht drohen sich beim steten Hin und Her in den schmalen Gängen mit ihren Ehrenkreuzen und Sternen aneinander festzuhaken. Manche Männerbrust strotzt vor Gehänge. Wie man sich aufputzt – das hat eben Tradition.

Und die Etikette sagt, eine Taschenuhr zum Frack muss sein. Viele Promis, die ich bitte, mir ihr linkes Handgelenk zu zeigen, weisen da klare Wissenslücken auf und schauen mich ungläubig an. Stargeiger David Garrett zeigt sich genauso verwundert wie Roberto Blanco oder der damalige Bundesminister Martin Bartenstein, der 1999 eine noble Schweizer Plastikuhr trägt (nein, ich mache keine Werbung – kennt eh jeder!). Und die auch noch mit leerer Batterie. Doch ich hoffe, den Bildungsauftrag erfüllen zu können und will es einen Opernball später noch einmal wissen. Nun trägt der Herr Minister eine Uhr mit Batterie, die Uhr seines Vaters, aber eben immer noch eine Armbanduhr. So geht das Jahr für Jahr. Als wir die Hoffnung schon aufgegeben haben, strahlt einer über das ganze Gesicht und kommt auf der Feststiege direkt auf mich zu. Stolz zeigt er seinen Lernerfolg in die Kamera. Er hat es geschafft: Es ist eine Taschenuhr an goldener Kette. Ja, es muss sein, denn ohne Taschenuhr wäre der Mann wahrlich eine »frackwürdige« Erscheinung.

Zum Opernball kommen durchschnittlich bis zu 6.000 Gäste. 6.000 feine Leut' gibt's auf der ganzen Welt nicht.

Opernball-Organisatorin
Lotte Tobisch

Einmal wurde Lotte Tobisch von einem Reporter gefragt, ob denn ein Nobelball nur für feine Leute überhaupt noch vertretbar sei. Legendär ihre Antwort: »Schau'n Sie, was macht denn einen feinen Menschen aus? Dass sie ein bisschen stiller sind. Zum Opernball kommen durchschnittlich bis zu 6.000 Gäste. 6.000 feine Leut' gibt's auf der ganzen Welt nicht.«

Und als Lotte Tobisch 1996 die Opernball-Organisation zurücklegt, bittet sie mich, ihren Nachfolgerinnen und/oder Nachfolgern unbedingt auszurichten: »Der Blumenschmuck darf nur rosa und nur rosa sein... Das ist die einzige Farbe, die im Fernsehen gut kommt.«

Was im Verborgenen blüht

Immer noch bin ich völlig irritiert, als ich am Mittwoch, dem 9. Juni 1999, im Flugzeug von Wien Richtung Nizza sitze. Für mich ergibt das alles keinen Sinn und was noch viel schlimmer ist, ich weiß nicht, wie ich mich verhalten soll.

Ich bin vor zwei Tagen aus London gekommen, wo ich bei der Weltpremiere des neuen James Bond-Films »The World Is Not Enough – Die Welt ist nicht genug« mit Pierce Brosnan gedreht habe. Abgeholt wurde ich am Flughafen London von dem ortsansässigen Kameramann Philipp (Name geändert). Er wurde mir von Heinz, dem Freund meiner besten Freundin, empfohlen. Heinz arbeitet als Kultur-Redakteur für einen deutschen Fernsehsender in London. Also, Kameramann Philipp verfrachtet meinen Koffer in den Kofferraum, wir steigen in sein Auto, er dreht sich zu mir um und sagt: »Freust du dich auch mit Heinz über seinen neugeborenen Sohn?« Ich glaube zuerst, mich verhört zu haben. Dann glaube ich, sein Englisch nicht verstanden zu haben... Denn soviel ich weiß, war und ist meine Freundin nicht schwanger. Ich kenne mich überhaupt nicht mehr aus... Aber Philipp erzählt von einer Geburtsanzeige, die er von Heinz erhalten habe...

Ich kann es kaum erwarten, bis ich in Wien lande und meine Freundin um ein persönliches Treffen bitten kann. So etwas kann man auch unter guten Freundinnen nicht am Telefon besprechen. Lange habe ich überlegt, ob ich ihr von diesem seltsamen Vorfall berichten soll. Auch auf die Gefahr hin, dass der Überbringer schlechter Nachrichten wie bei den alten Griechen bestraft oder im Mittelalter gleich geköpft wird. Und auch beim chinesischen Philosoph Konfuzius (er lebte vermutlich von 551 vor Christus bis 479 vor Christus) heißt es: »Ein Mann, der die Wahrheit spricht, braucht ein schnelles Pferd. Denn was ihn erwartet, ist alles, nur keine Dankbarkeit.«

Ich hab's getan und lebe noch. Wie sonst könnte ich diese Geschichte hier darniederschreiben. Ich hole meine Freundin mit dem Auto ab und nach der Begrüßung druckse ich herum. Ich möchte diese Geschichte schnell loswerden. Doch sie lacht laut auf und sagt: »Das ist unvorstellbar, Lisbeth. Da hast du etwas falsch verstanden. Heinz kann gar keine Kinder zeugen.« Auf meinen Einwand, ob sie ihn nicht fragen wolle – woher solle denn Kameramann Philipp diese Neuigkeit haben, wehrt sie energisch ab: »Dann glaubt er, ich sei eifersüchtig!«

Inzwischen ist es auf dem Flug nach Nizza 12 Uhr 15. Aus den Lautsprechern ertönt die Stimme der Stewardess, heute Flugbegleiterin: »Wir haben soeben mit dem Sinkflug begonnen, bitte klappen Sie das Tischchen vor Ihnen hoch und stellen Sie Ihre Sitzlehne gerade.«

Wir landen um 12 Uhr 40 pünktlich in Nizza. Mit dem Bus geht's weiter nach Cannes, Endstation meiner zweitägigen Reise.

Erst um 18 Uhr beginnt der Dreh hoch über den Dächern von Cannes. Tage vorher wurde bereits der Dresscode bekanntgegeben: weiß. Für mich als Schwarzträgerin eine besondere Herausforderung. Doch ich habe es geschafft.

Das neue Parfum von Dior »J'ADORE« wird der Welt, somit der internationalen Presse, zum ersten Mal präsentiert.

Alle kennen wir den Werbespot, der bereits im Fernsehen läuft. Ein Swimmingpool mit güldenem Wasser. Plötzlich taucht eine goldene Frauengestalt aus dem Nass auf, in ihren Händen trägt sie wie einen Siegespokal den Parfumflakon »J'ADORE« und streckt ihn dem Himmel entgegen. Höher, weiter, mehr geht nicht...

Mit dem Bus werden wir vom Hotel abgeholt und wir fahren hinauf zu einem Anwesen, auf dem nackte, goldbemalte Trommler die internationalen Pressevertreter und Gäste empfangen. Es sind rund 1.000 Geladene und alle sind sie in Weiß gekommen. Es gibt Champagner aus goldenen Flaschen, der in goldene Gläser gefüllt wird, ein ganz in Weiß/Gold gehaltenes Buffet und jeder bekommt eine goldene Folie, die wir dann – nach genauer Anleitung über uns drüberstülpen sollen. Normalerweise kommt diese Folie mit den Maßen 210 × 160 cm als Rettungsdecke zum Einsatz, um verunglückte Personen vor Unterkühlung, Nässe oder Wind zu schützen. Dieses Mal wird sie zweckentfremdet.

Als langsam die Sonne über Cannes versinkt und bereits viel Champagner geflossen ist, startet in der allmählich beginnenden Dunkelheit die Parfumpräsentation.

Ein Swimmingpool mitten im herrschaftlichen Park, ganz mit güldenem Wasser gefüllt. Rund um den Pool sind Tribünen aufgebaut. Wir werden gebeten, uns in die Folien mit der goldenen Seite nach außen – wie in ein Cape – zu hüllen und Platz zu nehmen. Die Livemusik beginnt und mitten aus dem Pool taucht eine Frauengestalt ganz in Gold auf. In ihren Händen trägt sie wie einen Siegespokal den Parfumflakon »J'ADORE« und streckt ihn dem Himmel entgegen. Höher, weiter, mehr geht nicht…

Wenn ich an das Parfum meiner Mutter denke, sehe ich sie wieder vor mir, ihre Kleider, ihre Wohnungen. Das erste Parfum, an das ich mich erinnere, hieß ›Fleurs de Rocaille‹ von Caron. Später, als ich zwölf Jahre alt war, nahm sie ›Mitsouko‹, dann ›Joy‹ und ›Arpege‹. Als ich ›Chloe‹ kreierte, benutzte sie es bis zum Ende ihres Lebens. Ich weiß, dass sie heute mein neues ›Sun Moon Stars‹ lieben würde.

Modeschöpfer
Karl Lagerfeld

Der Werbespot wurde hier nachgestellt. Wahrlich beeindruckend. Ich drehe Interviews mit dem Veranstalter, mit Musikern, mit Gästen, es ist eine wunderbar laue Juni-Nacht. Die Stimmung ist ausgelassen und der Blick auf das nächtliche Cannes mit all' seinen Lichtern zaubert ein ungemein schönes Bild der Ruhe in mir.

Aber wo bin ich hier eigentlich? Von Neugierde getrieben, entferne ich mich immer weiter vom Geschehen. Als die Parkanlage eine kleine Lichtung freigibt, stehe ich vor einem großen Haus. Die Fenster sind geöffnet, die Haustüre steht sperrangelweit offen. Zaghaft stehe ich in der Türe und rufe »Hallo!« hinein. Stille, mein zweites »Hallo!« durchbricht erneut die Stille

BACK HOME
9.-10.6.1999 Cannes: FS-
Madame Lisbeth Bischoff

Dessert surprise · Surprise Cake
Café · Coffee
Château Prieuré Guillaume 1997
Champagne Moët et Chandon

und ich höre eine Männerstimme: »Yes, come in« sagen. Idyllischer könnte es nicht sein. Inmitten einer großen Bibliothek sitzt ein älterer Herr im wippenden Schaukelstuhl. Er ist allein. Sein Name: Martin Gray. Nachdem ich mich vorgestellt habe, bittet er mich Platz zu nehmen und schenkt mir ein Glas Rotwein ein. Ich zeige mich verwundert, dass er sein privates Anwesen für eine Veranstaltung hergibt, bei der alle geladenen Gäste auf seinem Rasen herumtrampeln und vieles kaputt werden wird. Und er beginnt zu erzählen: »Ich wurde am 27. April 1922 in Warschau in Polen als Mietek Grajewski geboren. Nach dem Einmarsch der Wehrmacht 1939 in Polen und seit der Kontrolle Warschaus durch die SS lebte ich mit meiner Familie im Warschauer Ghetto. Unter lebensbedrohlichen Umständen organisierte ich für meine Familie und andere Leidensgenossen Lebensmittel. Später schloss ich mich dem Widerstand an. Im Vernichtungslager Treblinka kämpfte ich jeden Tag ums Überleben. Ich musste mitansehen, wie meine Mutter und meine drei Brüder in die Gaskammer gebracht wurden. Ich war vom Willen besessen, zu überleben. Ich wollte der Welt berichten, was in Treblinka geschieht. Ich malte mir aber auch tagtäglich aus, an welch' wunderschönem Ort ich in Zukunft leben wollte, sollte ich das alles überleben. Aus Treblinka gelang mir die Flucht. Ich ging als Partisane in den Untergrund und trat später der Roten Armee bei.«

Im Vernichtungslager Treblinka kämpfte ich jeden Tag ums Überleben. Ich musste mit ansehen, wie meine Mutter und meine drei Brüder in die Gaskammer gebracht wurden.

Schriftsteller
Martin Gray

Ergriffen höre ich diesem fremden Mann zu, der mir, einer völlig fremden Person, seine Lebensgeschichte erzählt. Ich bemerke keinerlei Hass in seiner Stimme, in seiner sonoren beruhigenden Stimme.

Er nimmt einen Schluck von diesem vollmundigen Rotwein und fährt fort: »Nach dem Krieg habe ich die ›Rote Armee‹ verlassen. Ich habe mich auf die Suche nach Familienmitgliedern begeben. Meinen Vater habe ich im Warschauer Ghetto gefunden. Doch beim Aufstand im Warschauer Ghetto ist mein Vater ums Leben gekommen.

Die einzig Überlebende meiner Familie war meine Großmutter. Ich habe sie in New York City gefunden. Ich übersiedelte in die Vereinigten Staaten und machte Karriere als Geschäftsmann. 1959 heiratete ich die Holländerin Dina. Wir hatten vier Kinder. Nach der Geburt des ersten Kindes, 1960, übersiedelten wir nach Frankreich, in die Nähe von Cannes. Nach Tanneron, eine französische Gemeinde mit damals rund 500 Einwohnern im Département Var in der Region Provence-Alpes-Côte Argens. Dort habe ich Forschungen in der biologischen Landwirtschaft, vor allem in der Baumzucht, betrieben. Eines Tages…«

Hier stockt der 77-Jährige kurz mit seinen Erzählungen und schaut mir direkt in die Augen. »Eines Tages – es war im Jahr 1970 – bin ich mit meinem Motorrad zum Einkaufen in die Stadt gefahren. Als ich unten war, sah ich einen großen Waldbrand. Ich realisierte nicht gleich, dass die Flammen ganz in der Nähe meines Hauses loderten. Doch dann begriff ich, raste wie von Sinnen nach Hause… Doch es war zu spät. Der Waldbrand hat nicht nur die Côte d'Azur verwüstet, sondern er nahm mir das Liebste, was ich hatte: meine Frau Dina und meine vier Kinder.

Viele Jahre später drängten sich trotz des schweren Waldbrandes wilde Mimosen, Erika, Kastanien, Kiefern und Macchie dicht aneinander. Die Natur hat sich erholt. Meine Seele nicht.

1976, sechs Jahre nach diesem tragischen Ereignis, heiratete ich ein zweites Mal und gründete erneut eine Familie: Barbara, Gregory, Larissa, Tom und Jonathan sind meine fünf Kinder. Ich gründete die ›Fondation Dina Gray‹, eine Stiftung zum Erhalt der Natur und zur Verhinderung von Waldbränden. Dann habe ich auch mit dem Schreiben begonnen, um meine Erfahrungen weiterzugeben. Mit meinen Büchern wie ›Der Schrei nach Leben‹, ›Des Lebens Ruf an uns wird nie enden‹ bin ich bekannt geworden.«

Viele Jahre später drängten sich trotz des schweren Waldbrandes wilde Mimosen, Erika, Kastanien, Kiefern und Macchie dicht aneinander. Die Natur hat sich erholt. Meine Seele nicht.

Schriftsteller
Martin Gray

Ich habe noch ein einziges Exemplar des Buches ›Der Schrei nach Leben‹ in deutscher Sprache. Das gebe ich Ihnen, weil ich Ihnen vertraue, dass Sie es mir wieder zurückschicken.

Schrftsteller
Martin Gray

Und er steht auf, geht zu einem der vielzähligen Bücherregale, und sagt: »Ich habe noch ein einziges Exemplar des Buches ›Der Schrei nach Leben‹ in deutscher Sprache. Das gebe ich Ihnen, weil ich Ihnen vertraue, dass Sie es mir wieder zurückschicken.« Ich bin beschämt. Nach all' diesen Erlebnissen kann dieser Mensch noch vertrauen. Als könnte er meine Gedanken erraten, fährt er fort: »Und das ist auch der Grund, warum ich mein Haus öffne. Es soll von Leben und Fröhlichkeit durchzogen sein.«

1.000 Menschen feiern draußen und ich sitze hier mit Martin Gray, der mir die Geschichte seines Lebens nochmals in die Kamera erzählt. Ich allein habe fernab der Parfumpräsentation, fernab des Trubels, fernab der Champagnerlaune, eine ganz andere Seite des Festes kennenlernen dürfen.

Viel später, als ich wieder in Cannes bin und im Bett des Hotelzimmers liege, bekomme ich eine SMS von meiner Freundin: »Ich habe Heinz wegen des angeblichen Sohnes gefragt. Seine Antwort: ›Deine Eifersucht ist kaum zu ertragen!‹«

Immer noch finde ich es seltsam, dass Kameramann Philipp sich diese Geschichte ausgedacht haben soll…

In Wien angekommen, lese ich, nein, verschlinge ich das Buch von Martin Gray. Mein Entschluss steht fest: Ich werde es ihm nicht zurückschicken. Ich werde es ihm persönlich zurückbringen. Und buche gleich einen Flug nach Cannes.

Auch stoße ich bei meinen Recherchen nach Martin Gray auf Kritik an seinen Büchern. Es wurden wiederholt Zweifel an der Korrektheit bzw. Wahrhaftigkeit von vorgeblich autobiografischen Angaben in Grays Büchern geäußert… lese ich auf »WIKIPEDIA«. Martin Gray, von der britischen Historikerin Gitta Sereny damit konfrontiert, dass er nie in Treblinka war, fragte: »But does it matter? Wasn't the only important thing that Treblinka did happen, that it should be written about…«

Aber das ist eine andere Geschichte...

8 Uhr früh: Mein Festnetz läutet. Ungewohnt früh ist meine Freundin am Telefon. Sie weint. Heinz ist heute morgen an plötzlichem Herzversagen gestorben.

Es naht der Tag der Beerdigung. Sie habe ein mulmiges Gefühl, sagt meine Freundin... Und dann stehen plötzlich vier Frauen und vier Kinder an seinem Grab... Es ist wirklich wie im schlechten Film. Eine Lebensgefährtin von Heinz und Mutter seines jüngsten Sohnes bittet meine Freundin um finanzielle Unterstützung, da sie ja jetzt so arm sei... Die wohl eindrucksvollsten Geschichten kann nur das wahre Leben selbst schreiben.

Das Leben von Martin Gray wurde in drei Teilen verfilmt. Ich habe mir »Schrei nach Leben« jetzt nochmals angesehen. Ganz am Schluss gibt es eine Filmeinstellung: hoch über den Dächern von Cannes, eine Parkanlage, ein großen Haus. Die Fenster sind geöffnet, die Haustüre steht sperrangelweit offen.

Genauso habe ich das Haus angetroffen, damals bei der Parfumpräsentation, als ich Martin Gray zum ersten Mal begegnet bin.

Die gewisse Portion Glück

»So muss man leben: Die kleinen Freuden aufpicken, bis das große Glück kommt. Und wenn es nicht kommt, dann hat man wenigstens die ›kleinen Glücke‹ gehabt«, hielt schon Schriftsteller Theodor Fontane (1819–1898) schriftlich fest.

Strapazieren soll man das Glück nicht, aber es unbedingt annehmen, wenn es sich einem aufdrängt, ist schon erlaubt.

Wer wie ich ständig auf der Suche nach interessanten Geschichten ist, freut sich über jedes Quäntchen Glück. Das Ohr mitten in der Gesellschaft zu haben und zuhören zu können, lieferte mir sehr oft Informationen, die der Informant gar nicht ausplaudern wollte.

Habe ich Ihnen schon erzählt, dass ich als »lebender Lauschangriff« gelte: Je leiser gesprochen wird, desto besser höre ich. Es hat auch eine Zeit gegeben, da mir das Sorge bereitet hat. Es ist echt unangenehm, wenn man in einer gemütlichen Runde am Tisch sitzt, und die Gespräche vom Nebentisch mithören kann oder sich im Hotelzimmer ausruhen möchte und beim Telefonat des unter mir wohnenden Hotelgastes auch mitreden könnte. Der Arzt bestätigte mir, dass ich eine bestimmte Frequenz besonders gut wahrnehmen kann. Und, so meinte er scherzend: »Ich werde Sie für den nächsten Lauschangriff empfehlen.«

Manchmal spült einem das Glück ganz unerwartet eine Exklusivgeschichte ins Haus. Dann heißt es erkennen und zugreifen. Daher kann ich Sophie, das erste Kind von Franz Klammer und seiner Frau Eva, im August 1988 aus dem Spital nach Hause medial begleiten.

Ich treffe mich mit der »Orgasmus-Muse« Beate Uhse im noblen Ambiente eines Wiener Ringstraßenhotels und höre gespannt ihren Ausführungen zu, wie sie nach dem Krieg von Haus zu Haus ging, um Kondome an die Frauen zu verteilen.

Bestseller-Autor Robert Schneider gibt auch nach seinem Riesenerfolg mit »Schlafes Bruder« nur ungern Interviews. Und trotzdem gibt es Fotos, die mich mit ihm in seiner Heimatgemeinde Meschach, hoch über dem Vorarlberger Rheintal, zeigen.

Vorarlberger Dialekt kann ich auch in Sydney sprechen. Als ich anlässlich der Casino-Eröffnung in Australien weile, gerate ich zufällig in den Dunstkreis von Kunstkennern. Einer gibt den Tipp: »Jetzt muss man Werke des Österreichers Mario Dalpra kaufen.« Dalpra? Ich kenne einen Dalpra aus Vorarlberg. Glück gehabt, es ist der Bruder!

Einmal spaziere ich durch die Wiener Schleifmühlgasse im 4. Bezirk, als mir aus einem kleinen, niedlichen Friseurgeschäft eine freundliche Dame zuwinkt. Sie habe eine Geschichte für mich: Morgen komme der Langhaarfriseur George Michael (nein, nicht Michael George, der war Sänger) zu ihr in den Salon. »Wenn Sie drehen wollen, gerne!« Gut, dass ich mit Daniela eine Freundin mit hüftlangem Wallehaar habe...

Mit George verbindet mich bis zu seinem Tod im Jahr 2009 eine schöne Freundschaft. Allerdings ist es ihm trotz vieler Versuche nie gelungen, mich von meinem Kurzhaarschnitt abzubringen... Dafür habe ich die Einladungen auf seinem privaten Golfplatz in Miami eine Runde zu spielen, gerne angenommen – bis da die Krokodile aufgekreuzt sind und sich mir näherten...

Auch das Nobelskiparadies Lech am Arlberg eignet sich hervorragend für einen Einkaufsbummel. Und den gönne ich mir, als ich im Jänner 1998 auf Heimaturlaub bin. Auch den Luxustempel in Sachen Mode wage ich zu betreten. Der Hausherr Ambros kommt mir entgegen und stellt mir den Mann an seiner Seite ohne großes Tamtam vor.

Und schon rattert's im Getriebe. Das ist der Designer, der total im Trend liegt: »TOMMY HILFIGER«. »Ich bin mit meiner ganzen Familie hier, mit meinen vier Kindern, die die Skischule besuchen. In dieser Skischule unterrichten sie meine Kinder in den verschiedenen Leistungsstufen. Sie machen einen hervorragenden Job. Es ist außerdem so friedvoll und ruhig hier. Es ist ein Traum.« Manchmal muss ich mich schon überwinden, mit der Tür ins Haus zu fallen und gleich um ein Interview anzufragen. Aber ich muss es tun, jetzt ist die Gelegenheit...

Und so befinde ich mich gleich am nächsten Tag auf Einkauftour mit Tommy. »Meine Mode ist sehr bequem. Sie passt zum heutigen Lebensstil.

Sie ist sehr frei und unkompliziert. In Amerika sind viele Leute bei der Arbeit und auch am Wochenende ungezwungener. Diese Message möchte ich über die ganze Welt verbreiten. Ich mag hohe Qualität, die auch günstig ist, ich mag es gern gestylt und bunt. Ich mag Farben.«

Als er 18 Jahre alt ist, eröffnete er ein Geschäft, in dem er nur Jeans verkaufte. »Ich wurde inspiriert durch Musik. Ich mochte die Rolling Stones, die Beatles, und The Who, und ich wollte Mode für Rockstars entwerfen. Dann eröffnete ich meinen eigenen Shop in New York City und ich begann für mein Geschäft Mode zu entwerfen. Das war 1982/83. »TOMMY HILFIGER USA« wurde 1984 gegründet. Somit begann 1984 das, was ich heute bin: Herren-, Damen- und Kindermode, Parfums, Schuhe, einfach alles.«

Den Grund seines Erfolges glaubt er zu kennen. »Ich höre, was die Kunden mögen und höre, was sie wollen. Ich möchte, dass meine Kunden auch viele, viele Stücke finden, die sie mögen. Und wenn man auf die Wünsche der Kunden eingeht und diese Wünsche erfüllt, dann kann man ein erfolgreicher Designer sein. Das Schwierigste in meinem Job ist, dass ich immer wieder neue Ideen haben muss. In Amerika gelte ich als Trendsetter. Vor all' den anderen, vor dem Weltmarkt, nicht nur vor Amerika. Daher reise ich um die Welt. Ja, ich habe auch schon an mir gezweifelt. Es gibt Situationen, in denen ich glaube, mein modisches Gespür zu verlieren. Dann brauche ich eine Unterbrechung. Diese Skiferien sind großartig für mich, weil ich für meine nächste Kollektion, die durch Österreich beeinflusst sein wird, neu auftanken kann. Diese Kollektion wird eine Weltneuheit sein, weil das noch nie vorher gesehen wurde. Ich werde eine Kollektion entwerfen, zu der mich Lech inspiriert hat. Es wird eine Kollektion mit österreichischem Einfluss. Ich mag den traditionellen Stil genauso wie den modernen Touch. Ich möchte beides in meiner Kollektion vereinen. Ich mag Loden, den Trachtenlook. Ich bringe diesen Stil nach Amerika und zeige der Welt, wie fantastisch das ist. Denn die Welt hat diesen Stil auf Fotos gesehen, aber sie hat noch nie die Stoffe, die Farben, die Passform gesehen. Es ist fantastisch.«

Mit 22 Jahren war er steinreich, zwei Jahre später, mit 24 Jahren, stand er vor dem Nichts. Da kann sich die Beziehung zu Geld schon verändern. »Geld bringt mir Bequemlichkeit. Aber es ist nicht alles, es ist nicht das Wichtigste auf der Welt. Meine Familie ist das Wichtigste für mich. Und ich gebe das Geld in meiner Heimat, den USA, wieder der Gesellschaft zurück. Wenn man viel Geld verdient, kann man sich entscheiden: Entweder es zu behalten oder es zu teilen. Ich spende das Geld vielen armen Leuten. Jungen Leuten, die in Harlem leben, die nie etwas anderes sehen, die nie Wiesen oder Bäume sehen. Wir finanzieren Sommercamps für sie. Wir spendieren Geld an die Aids-Hilfe… Wenn man viel Geld verdient, gibt man es der Gesellschaft zurück, und dann kommt es wieder zu einem zurück.«

Und manchmal ist es schon verwunderlich, wenn eine vor langer Zeit abgespeicherte Information plötzlich aufflackert. Und plötzlich erinnere ich mich, dass der Vater von Tommy Hilfiger aus Deutschland kommt. »Ich möchte Ihnen mein Deutsch ersparen. Aber ich verstehe etwas Deutsch.«

Kontakte mit Menschen zu pflegen, ist mir immer ein großes Bedürfnis. Auch wenn in der Hektik nur wenig Zeit für Privates Platz gehabt hat, habe ich mit Ansichtskarten, später mit SMS oder Mails, Lebenszeichen von mir gegeben und mich nach dem Befinden meiner Freunde erkundet, egal wo ich in der Welt unterwegs war.

So auch als ich im Juli 1994 dienstlich in Rom bin. Ich nütze einen freien Nachmittag, um den früheren General Manager des Wiener Hotel Hilton Plaza, Hans R. Fritz, zu besuchen. Er leitet nun das »Cavalieri Hilton Rom« in der Via Alberto Cadlolo in Roma und lädt mich zum Mittagessen ein. Wir sitzen unter ausladenden Sonnenschirmen und Hans R. (das R. ist ihm wichtig!) sprüht vor Lebensfreude. Unvergessen sind seine Feste als Gastgeber in Wien – Konstantin Wecker sang und spielte am Klavier nach seinem Konzert noch stundenlang in der Hotelbar – oder wenn sich der Abend anschickte, sich über die Stadt zu senken, hat er auf der Terrasse seines Penthauses über dem Hotel ein Gläschen Champagner mit mir getrunken.

»Lisbeth, ich habe für dich ein paar interessante Leute zum Mittagessen eingeladen«, unterbricht er meine Gedanken. Und schon steht er auf, um sie zu begrüßen. Es sind die Kessler-Zwillinge, Ellen und Alice, und dann wird mir »Allein gegen die Mafia«-Regisseur Damiano Damiani vorgestellt. Er drehte vor sieben Jahren die vierteilige europäische Fernsehserie »Der Zug« in Wien. Die wohl folgenträchtigste Eisenbahnfahrt der Welt, Lenins Abschiebung aus der Schweiz nach St. Petersburg. »Ich hatte einen eigenartigen Zugang zu Wien, weil ich immer gedacht habe, Wien sei eine besonders traurige Stadt. Deshalb habe ich auch viele Jahre nicht den Mut aufgebracht, hinzufahren und es mir anzusehen. Schließlich bin ich für die Dreharbeiten des Filmes über ›Lenin‹ doch hingefahren und ich entdeckte eine wahrlich außergewöhnliche Stadt. Eine Stadt, die ihrer Vergangenheit wie ihrer Zukunft zu gleichen Teilen verpflichtet scheint. Es war wirklich außergewöhnlich, die Eigenschaften dieser Stadt zu entdecken.«

Glauben Sie, dass Wien in Europa einen großen Stellenwert hat?

»Wien hat eine große Bedeutung. In Wien wurde das Zusammenleben von Vertretern verschiedener Volksgruppen wie der Tschechen, Ungarn, Kroaten und Norditaliener friedlich praktiziert. Und dies vor langer Zeit. Damit gab diese Stadt ein hervorragendes Beispiel dafür, dass ein friedliches Zusammenleben verschiedener Völker durchaus möglich ist.«

Nun bemüht sich der 72-jährige wieder nach Wien zu kommen. Der leidenschaftliche Hobbymaler will seine Kunstwerke im Rahmen einer Ausstellung in Wien präsentieren. Zurzeit dient sein Haus, nahe des Kolosseums in Rom, als Galerie für seine zahlreichen Bilder. Und schon sitze ich in seinem Haus und kann mich an seinen Werken erfreuen und auch ein Interview aufzeichnen.

»Ich kann nicht sagen, dass ich ein guter Maler bin, das müssen andere beurteilen. Ich habe die Akademie der schönen Künste in Mailand besucht und habe eigentlich immer gemalt. Leider ist es das Drama meines Berufes, dass er mir nur sehr wenig Zeit dazu lässt, und ich keine schnelle Maltechnik habe. Denn ich bevorzuge eine alte schwierige Technik, die immens viel Zeit kostet. Bilder sind ein Teil meines Lebens. Schon immer. Als ich die Grundschule besuchte, hatte ich Mitschüler, die im Rechnen besser waren und andere, die besser in Italienisch waren. Aber ich war der Beste im Zeichnen. Meine Hände und meine Augen schienen dafür besser geeignet zu sein als die meiner Mitschüler. Ich habe mich auch nie dafür entscheiden müssen, Maler zu werden. Die Ausbildung an der Kunstschule und auf der Akademie waren eine ganz logische Konsequenz meiner Begabung. Für mich war das Malen immer das Natürlichste der Welt.«

Fünf Jahre später sitzt er in der Jury bei der Verleihung des heimischen Kamerapreises »Goldenen Kader« im Wiener Augarten. Er bezweifelt, dass sich Schauspieler oder Regisseure über einen Preis des anderen freuen. »Zum Wesen und Beruf des Regisseurs gehört die Freundschaft ebenso wie die Rivalität. Es ist daher schwer, mit anderen Regisseuren Freundschaften zu

Roman
POLANSKI
13.12.199

pflegen, da man ja in dem gleichen Metier arbeitet. Und daneben entwickelt jeder einzelne seinen ganz persönlichen Ehrgeiz. Wenn also ein anderer Regisseur einen großen Preis gewinnt, ist man nicht so zufrieden, als wenn man ihn selber gewinnt.«

Ich habe mich auf jeden Fall über unser Wiedersehen sehr gefreut.

Manche Sachen hätte man besser nicht gesehen. Im Juni 2000 statte ich der Expo in Hannover einen Besuch ab, treffe Menschen, drehe, gönne mir etwas zu essen. Im Restaurant auf der Expo wird getuschelt, dass Ernst August von Hannover auf dem Gelände sei. Ich breche auf, vielleicht komme ich zu einem Interview. Als ich beim türkischen Pavillon vorbeikomme, stoppt just in dem Moment eine Limousine. Zwei Männer steigen aus, einer verrichtet an der Holzfassade des Pavillon sein Geschäft. Dann steigen beide wieder ein und verschwinden so schnell, wie sie gekommen sind. Wir scherzen, glauben wir doch, den Welfenprinz erkannt zu haben. Aber so viel Taktlosigkeit traue ich S.K.H. nicht zu und verteidige ihn. Die BILD-Zeitung veröffentlicht ein etwas unscharfes Foto – unschwer darauf zu erkennen, ein pinkelnder Mann. Es soll sich um Ernst August von Hannover handeln.

Einmal, wirklich nur einmal, verpasse ich durch mein Zweifeln eine echt gute Geschichte.

Am 13. November 1994 besuche ich eine Ausstellung des Vorarlberger Fotografen Werner Branz im »Moulin Rouge« in der Wiener Innenstadt. Der Location angepasst, stellt Werner seine Aktfotografien aus. Zwischen seinen Werken und Stripteasetänzerinnen lädt mich Werner Branz nach Paris ein. Er könne mir keine Einzelheiten nennen, über die Veranstaltung sei Stillschweigen vereinbart worden. »Aber vertraue mir, es ist eine absolute Topveranstaltung. Nimm‘ ein Kamerateam mit und du hast eine Exklusivstory.«

Ich zögere – so ganz ohne eine Information – ich fliege allein und traue meinen Augen nicht. Auf meine Bitte hin, begleiten mich meine Freunde, der österreichische Botschafter in Paris und seine Frau, zu der Veranstaltung im Inlokal »Les Bains« in der Rue du Bourg l'Abbé in Paris. Dort findet eine Benefizveranstaltung unter dem Ehrenschutz des UNESCO-Botschafters Mikhail Phetodov statt. Als er hört, dass ich aus Wien komme, schwärmt er von der besten Torte der Welt und möchte, dass ich ihm eine Sacher-Torte zuschicke.

Neben all' den lokalen Größen mache ich Filmschauspieler und Produzent Steven Seagal aus. Und dann ist da auch noch Filmregisseur Roman Polanski. Weit und breit sind keine Medienvertreter zu sehen. Ich hätte einen tollen Fernsehbeitrag gehabt… ja, wenn… Also rette ich, was zu retten ist. Mache Interviews und verpacke sie in mehreren Artikel für die Printmedien. Ende gut, alles gut: Das Interview mit Roman Polanski, der durch Vergewaltigungsvorwürfe immer wieder in die Schlagzeilen geraten ist, hat großes Interesse hervorgerufen.

Neugierig werde ich, als mir Tenor Gösta Winbergh erzählt, dass er als Überraschungsgast bei der Geburtstagsgala von Königin Silvia in Stockholm eingeplant ist.

In einer Novembernacht im Jahr 1993 treffen wir einander zufällig beim besten Italiener der Stadt. Gösta kommt direkt aus der Wiener Staatsoper. Er hat in der Oper »Don Giovanni« den »Don Ottavio« wie immer mit Bravour gegeben.

Bei Pasta und Wein zeigt er sich sehr erfreut, dass sein Auftritt das Geschenk des Königs, Carl XVI. Gustaf, an seine Frau Silvia ist, die den 50. Geburtstag in der Oper feiert.

Gösta verspricht mir, dass er mir eine Einladung zum royalen Geburtstagsfest organisiert.

Es hat geklappt. Ich sitze am 22. Dezember 1993 im Hotelzimmer in Stockholm und schreibe ein Zeitungsartikel nach dem anderen, ich schreibe die ganze Nacht.

GROSSER GALAABEND IN DER OPER IN STOCKHOLM ANLÄSSLICH DES 50. GEBURTSTAGES VON KÖNIGIN SILVIA – *Utl.: Carl XVI. Gustaf König von Schweden schickt seiner Frau einen Troubadour (Lisbeth Bischoff berichtet exklusiv für den deutschsprachigen Raum aus Stockholm)*

Schon Stunden stehen die Untertanen vor der königlichen Oper in Stockholm, um ihre Königin zu sehen. Anlässlich ihres 50. Geburtstages am Donnerstag, 23.12.93, fand am Mittwoch, 22.12.93, im Opernhaus eine »Überraschungs-Gala« statt.

Die zahlreichen Ehrengäste, unter ihnen Königin Sonja und König Harald von Norwegen, Gräfin Sonja und Graf Lennart Bernadotte von der Blumen-

SILVIAS 50er
GÖSTA WINBERGH

insel Mainau, saßen bereits auf ihren Plätzen, als sich zwei Kutschen der hell erleuchteten Oper näherten. Am Arm ihres Mannes, König Carl Gustaf, steigt Königin Silvia in einer kirschroten Seidentaftrobe mit gebauschtem Rock und enganliegendem Brokatoberteil aus der Kutsche. Tosender Applaus braust auf, als das Königspaar mit ihren drei Kindern, Kronprinzessin Victoria (16), Prinz Carl Philip (14) und Nesthäkchen Madeleine (11), in der Loge Platz nehmen.

Als sich der Vorhang der Opernbühne in Stockholm hebt, präsentiert sich Silvias Geburtsstadt Heidelberg. Ein riesiges Staraufgebot von Birgit Nilsson bis Max von Sydow lassen Silvias und Carl Gustafs Leben Revue passieren. »Es hat Klick gemacht«, bemerkte König Carl Gustaf nach der Hochzeit im Jahre 1976. »Klick« machte es bei den Olympischen Spielen 1972 in München, wo Silvia als VIP-Hostess im hellblauen Bayern-Dirndl tätig war. Da sagte eine dunkelhaarige Schönheit zu einem scheuen Blonden: »Grüß Gott, Königliche Hoheit!« Das hatte Folgen: Die bürgerliche Silvia avancierte in Grimm'scher Märchen-Manier zur Monarchin.

Als absoluter Höhepunkt des Abends schickt König Carl Gustaf seiner Frau einen Troubadour, der im blauen Porsche auf die Bühne fährt. Und das hat seinen Grund:

Im Frühsommer 1973 hatte Silvia Carl Gustaf auf der Insel Öland besucht. Als sie an einer Tankstelle hielten, entdeckte ein gewitzter Fotograf das Paar im offenen Porsche-Cabrio und machte einen Schnappschuss. Das Bild des dunkelhaarigen Mädchens zierte die Titelseiten der Zeitungen, aber niemand wusste, um wen es sich handelte. Einem Journalisten gelang es, Silvia aufzuspüren.

20 Jahre später lässt Carl Gustaf König von Schweden diese Szene neu aufleben. Seinen Part spielt kein Geringerer als der zurzeit wohl gefragteste Lohengrin-Darsteller der Welt, der Königliche Hofsänger Gösta Winbergh. Im dunkelblauen Blazer des Königs überbringt er mit dem in Deutsch und Schwedisch gesungenen Lied »Dein ist mein ganzes Herz« aus der Lehar-Operette »Das Land des Lächelns« die Liebeserklärung des Königs an seine Silvia. Gösta Winbergh: »Wir haben das Originalauto aufgetrieben, das nun im Besitz eines Sammlers ist. Das ist auch für den König eine ›Überraschung!‹«

Schlussbild: Auf der Bühne stehen die drei Kinder des Königspaares: »Hoch soll sie leben, hoch soll sie leben, drei Mal hoch!«, singen sie ihrer Mutter zu. Königin Silvia hat Tränen in den Augen.

Und wie man sich fühlt, wenn man nach einem langen Flug in Tokio ankommt, weiß jeder, der diese Reise schon einmal gemacht hat. Und wer es nicht kennt, dem sei es hier verraten: vollkommen erledigt. Im September 1991 begleite ich anlässlich des Mozart-Jahres die Wiener Symphoniker nach Japan. Es stehen mehrere Konzerte auf dem Programm.

Gleich nach der Ankunft im Hotel heißt es kurz frisch machen und auf zum ersten Termin: zum Empfang des österreichischen Botschafters.

Als der Lift im 14. Stockwerk ankommt, sich die Türen öffnen, stehen gleich drei österreichische Politiker vor mir. Sie befinden sich auf »Fact Finding Mission« (das ist meine Version!) und heute ist der letzte Abend vor ihrer Heimreise. Wir beschließen, uns nach dem Botschafter-Empfang in der Hotelbar zu treffen.

In der Zwischenzeit muss einer von den mitreisenden Journalisten den Politikern verraten haben, dass heute mein Geburtstag ist. Als ich in die Bar komme, steht der Champagner schon bereit.

Die Österreicher freuen sich auf ihre Heimreise und vor allem auf das gute österreichische Brot, auf das sie so lange verzichten mussten.

Nachdem ich als Reiseerprobte eine gewissen Grundausstattung an Lebensmittel immer im Gepäck habe, verlasse ich kurz die illustre Runde und kehre mit herrlich duftendem österreichischen Brot zurück. Der Jubel wird mir unvergesslich sein.

Am nächsten Morgen finde ich eine Visitenkarte unter meiner Hotelzimmer-Tür. »Wir bedanken uns recht herzlich bei dir für das gute Brot und revanchieren uns in Wien gerne mit einem Abendessen.«

Auch so kann Glück aussehen!

Profil
KLAUS KAMOLZ
ÖVP-NR
PAUL KISS
ÖVP-NR
SCHWARZLER

Mein Name ist Bond, James Bond

Die Nachricht schlägt ein wie eine Bombe: James Bond wird vom 30. April bis 9. Mai 2008 auch in Vorarlberg gedreht. Ganze neun Minuten des neuesten Bond-Streifens »Quantum of Solace« werden in Feldkirch und Bregenz spielen. Der Seebühne kommt eine tragende Rolle zu. Am 30. April wird der Geheimagent in Vorarlberg erwartet. Und mit ihm 1.000 Statisten. Das Stadtmarketing und die Wirtschaftsgemeinschaft (WIGEM) haben sich einiges einfallen lassen. Die auf dem Bregenzer Kornmarktplatz aufgestellte Countdown-Uhr läuft, das Spielcasino lädt zum Bond-Dinner, im Landestheater ist eine Ausstellung mit Original-Exponaten aus den Bond-Filmen zu sehen, also Anzüge, Goldbarren, Uhren, Poster und Fotos sowie ein Aston Martin und in den Bars wird Martini geschlürft, selbstverständlich geschüttelt, nicht gerührt. Gerührt ist die Tourismusbranche ob der zu erwartenden Einnahmen.

Seit 46 Jahren endet jeder Bond mit dem Satz: »James Bond wird zurückkehren«. 2008 nach Vorarlberg, denn 007 Daniel Craig wird im 22. Bond-Streifen »Quantum of Solace« Vorarlberg ins Rampenlicht rücken.

»Mein Name ist Bond, James Bond«. 1962 haben Kinobesucher diesen Satz zum ersten Mal gehört. Und seitdem ist das, was James Bond macht, Trend. Das wissen auch die Lifestyle-Experten und rücken Bonds durchtrainierten Körper ins Rampenlicht. Bei den Dreharbeiten in Vorarlberg geizt 007 aber mit seinen Reizen. Sehr zum Bedauern seiner vorwiegend weiblichen Fans. Der teuerste Werbeträger macht wieder von sich reden – alias Daniel Craig. Die Figur des James Bond ist durch die seit den 60er Jahren erfolgreiche Filmreihe weltbekannt. Sie gilt heute als popkulturelle Ikone. Eine wandelnde Litfaßsäule im Dienste Ihrer Majestät. Auch im 22. James Bond-Film »Quantum of Solace« präsentiert sich 007 als Trend-Agent.

Die Kostümbildnerin Lindy Hemming stattet den Geheimagenten mit Luxusmarken aus: von »OMEGA« bis zu den Designerlabels »TOM FORD« und »CALVIN KLEIN«. Und so tritt Craig, durchgestylt von Kopf bis Fuß, im Auftrag der Krone gegen das Böse an.

Zu seinem zweiten Bond-Abenteuer reist Hauptdarsteller Daniel Craig diesmal unter anderem dienstlich nach Chile, Panama, Italien und Österreich. Im neuesten James Bond verzichtet 007, Daniel Craig, auf Luxusabsteigen, denen Mister Bond aufgrund seines Namens zu echter Berühmtheit verhalf.

Von internationalen Luxuslabels ausgestattet und umgeben zu sein, heißt noch lange nicht, dass man auch privat zum Dressman der Lifestyle-Industrie verkommt. »Wir haben die Chance, an den Beginn anzuknüpfen, wie Bond ursprünglich war. Das ist für mich die Herausforderung«, erklärt Daniel Craig im Interview.

Daniel Craig gilt als metrosexuell. Dieser Ausdruck steht für Männer, die sich sehr modisch kleiden, großen Wert auf ihre Figur legen und verstärkt Kosmetika benutzen, aber nicht homosexuell sind. Die Briten halten von Daniels Beautyprogramm allerdings recht wenig. Sie befürchten nämlich, durch die sogenannte Metrosexualität könnte das Image des Geheimagenten »James Bond« in den »Dreck« gezogen werden. Doch noch immer ist James Bond einzigartig. Denn nie zuvor waren in einem Reklamefilm so wenig Filmunterbrechungen.

Mit Bond verbindet mich einiges. Am 13. Juni 1989 durfte ich auf Einladung der Wiener VIPnews-Verlagschefin Elisabeth Strunz bei der Premiere von »Licence To Kill« in London's West End teilnehmen. Nicht nur, dass ich eine der ersten sein werde, die den neuen Bond zu sehen bekommt, nein – es war eine exklusive Premiere. Erwartet wurde der britische Thronfolger Charles mit Ehefrau HRH Princess Diana. Und was das heißt, erfahre ich kurz vor der Abreise.

Das Premierenpublikum muss zwei Stunden vor Filmvorführung die Plätze einnehmen. Wir bekommen eine Flasche Mineralwasser Notproviant. Doch ich nippe nur daran, denn hier komme ich nicht so schnell wieder weg. Zwei Stunden vor Filmstart bin ich da, zwei Stunden 13 Minuten dauert der Bond und bis die royalen Gäste den Filmsaal verlassen haben... Tja, da werden wohl einige Stunden vergehen. Und dann kommen Charles und Diana. Alle stehen auf, applaudieren. Diana trägt die Abendrobe, die sie bereits bei der London-Premiere von »Octopussy« am 6. Juni 1983 getragen hat. Ich erkenne sie sofort wieder: eine asymmetrische Kreation des japanischen Designers Hachi aus weißer Seide, mit runden Perlen-Applikationen an der rechten Schulter und an der linken Hüfte. (Die Robe erzielt unter dem Lot 716 bei einer Auktion am 13. Dezember 2001 einen Erlös von 60.000 Dollar.)

Doch noch immer ist James Bond einzigartig. Denn nie zuvor waren in einem Reklamefilm so wenig Filmunterbrechungen.

1999 treffe ich höchstpersönlich Mister Bond, Pierce Brosnan, zum Exklusivinterview und im November 2006 stehe ich mit weiteren 60 Fernsehanstalten aus aller Welt bei triefendem Regen am Roten Teppich am Leicester Square im Herzen der Themse-Metropole und warte auf »Bond« Daniel Craig. Völlig durchnässt, aber immerhin mit einem Interview im Kasten. Dann warten auf die Queen. Wegen strengster Sicherheitsvorkehrungen müssen alle Gäste eineinhalb Stunden vor Eintreffen Ihrer Majestät im Kinosaal sein. Das kenne ich schon. Verschärfte Kontrollen, offene Taschen auf der einen, versperrte Toilettenanlagen auf der anderen Seite. Mitgebrachtes Essen wird sofort konfisziert, ein Mineralwasser ist pro Sitz positioniert.

Die Queen adelt im wahrsten Sinne des Wortes die Weltpremiere. Reges Interesse an Bond-Filmen hat sie ja bereits in früheren Jahren gezeigt. Vielleicht wegen der schönen Geheimagenten – kaum zu glauben, dass uns das die Hofschranzen bis heute verschwiegen haben.

Am 1. Dezember 1999 spaziere ich mit Desmond Llewelyn alias »Q« durch den Christkindlmarkt am Wiener Rathausplatz. Er ist Stargast der Österreich-Premiere des neuesten 007-Filmes »The World Is Not Enough«. Insgesamt 17 Mal verkörperte er den genialen Waffenbauchef des MI6. Nun nimmt er Abschied von den James Bond-Fans und tritt seinen wohlverdienten Ruhestand an.

Nun also dreht Bond in Vorarlberg. Das westlichste Bundesland Österreichs bietet mit seiner beeindruckenden Bergwelt traumhafte Motive. Und jetzt hat James Bond Vorarlberg als First-Class-Filmkulisse für sich entdeckt.

VISA
007
Printed by AustriaCard
Elisabeth Bischoff
1.12.1998:

Alle zwei Jahre wird ein Film gedreht, international kämpfen Länder- und Stadtverwaltungen um das Privileg, Drehort für den »Geheimagenten Ihrer Majestät« zu sein. Auch Wiens früherer Bürgermeister Helmut Zilk bemühte sich 1985 mit vollem Einsatz um Wien als Drehort. Versprach er doch Filmproduzent Albert Broccoli, nötigenfalls auch einer Sprengung des Rathauses zuzustimmen. Doch es sollte schlimmer kommen: Wien wurde nämlich kurzerhand zu Bratislava umfunktioniert. Aber auch Wien selbst spielt im 15. James Bond-Abenteuer »Hauch des Todes« neben 007 Timothy Dalton eine Hauptrolle. Dieser Bond sorgte weltweit für großes Aufsehen, löste doch der damals 43-jährige britische Shakespeare-Darsteller Timothy Dalton Roger Moore als »Agent Ihrer Majestät« ab. Wiens Ambiente soll maßgeblich am Erfolg beteiligt sein, wollen Insider wissen.

1999, in Kitzbühel, machte Pierce Brosnan keine gute Figur. Bis heute tappt die Welt darüber im Dunkeln, ob der Geheimdienst Ihrer Majestät äußerst wackelig auf den Skiern gestanden haben soll. Durch ein Double wurde der Agent im Bond »Die Welt ist nicht genug« zum Pistenkünstler. Doch bis heute gibt es keine offizielle Bestätigung.

Der letzte James Bond-Film »Casino Royale« war das bislang erfolgreichste Abenteuer und hat Daniel Craig als James Bond etabliert. Der heute 54-Jährige war am Anfang nicht nur wegen seiner blonden Haare als Geheimagent umstritten. Durch Daniel Craigs erfolgreiches Debüt vor zwei Jahren ist der Hype rund um den Mythos 007 neu entflammt.

Da ein solch‘ internationaler Filmdreh in Vorarlberg sehr selten vorkommt, treffe ich Monate vorher alle Vorbereitungen, um an den Drehorten mit dabei sein zu können. Mit dem Ergebnis: alles streng geheim (auch die Drehbücher), keine Journalisten zugelassen, alles abgesperrt. Und trotzdem reise ich von Wien aus in meine Heimat Vorarlberg. Es ist Mittwoch, der 30. April 2008, als ich nach Feldkirch fahre.

Ganze neun Filmsekunden einer Autoverfolgungsjagd werden im mittelalterlichen Stadtkern von Feldkirch gedreht. Die Anrainer werden gebeten, in ihren Häusern das Licht brennen zu lassen, und sich während der Dreharbeiten, nicht am Fenster zu zeigen. Und wenn doch – dann müssen sie in derselben Position verharren. 300 Anrainer und Geschäftsleute wurden darüber informiert.

Dreharbeiten im Sperrbezirk: Die Filmcrew eingesperrt – die Fans ausgesperrt. Es ist wie vorhergesagt: alles hermetisch abgeriegelt, Straßen und Gassen abgesperrt, Anrainer können nur während der Drehpausen ihre Wohnungen verlassen. Dazu benötigen sie allerdings einen speziellen Ausweis. Doch ganz in James Bond-Manier, es gibt eine Hintertür. Kommissar Zufall spielt eine bedeutende Rolle. Ein Mann, der gerade mit seinem Hund Gassi geht, spricht mich an. Er lädt mich mit Kamerateam zu seiner privaten Bond-Party ein. Von der Dachterrasse seiner Privatwohnung biete sich ein exzellenter Blick auf die Dreharbeiten des neuen James Bond-Filmes »Quantum of Solace«.

Über steile Stufen, verwinkelte Gänge und Treppen gelangen wir zur privaten Bond-Party auf die Dachterrasse des Gastgebers, der besten Aussichtsterrasse. Und dann haben wir wohl den besten Blick auf den zur Zeit von den Fans und Medien Meistgejagten in Vorarlberg: den Geheimagenten Ihrer Majestät 007 alias Daniel Craig. Heute Nacht muss die Filmsequenz von neun Sekunden – eine Autoverfolgungsjagd – im Kasten sein. Hauptdarsteller Daniel Craig oder eines seiner zwanzig mitgereisten Doubles ist auch am Set. Aus 18 Meter Höhe lässt sich der echte Bond von einem Double wahrlich nur sehr schwer unterscheiden. Dem Vernehmen nach ist es aber der echte Daniel, der echte Bond.

Nicht echt ist die Actionszene, die in Feldkirch gedreht wird, denn Feldkirch wird kurzerhand zu Bregenz umfunktioniert. Das schmerzt. Doch Bregenz trägt es mit Fassung, dass 007 ihre Altstadt verschmäht. Ja, es geht eben nichts über Großzügigkeit.

Als die neun Filmsekunden abgedreht sind, geht es für mich in den Schnittbus, um den ersten Beitrag zu gestalten. Ein wenig ein schlechtes Gewissen habe ich, weil ich die Absperrung umgangen bin und tolles Filmmaterial im Kasten habe. Zwei meiner Kollegen haben Urlaub genommen und sind privat nach Vorarlberg gereist. Sie sind an meiner Seite, filmen und stellen mir das Material zur Verfügung. Beide wissen, wie wichtig diese James Bond-Dreharbeiten sind und helfen mir UNENTGELTLICH. Beide sagen, jetzt hätten sie eine Möglichkeit mir zu danken. Danken, wofür? Ich habe durchgesetzt, dass bei jedem Beitrag von mir nicht – wie bisher üblich – nur Redakteurin und Kameramann genannt werden, sondern auch der Cutter. Für mich eine Selbstverständlichkeit, da ich alleine wohl keinen Beitrag machen kann. Ich achte immer darauf, dass wir als Team wahrgenommen werden. Wie oft habe ich es bei Drehs erlebt, dass ich bei vielen Veranstaltungen zum Essen eingeladen wurde und das Kamerateam mit Nichtbeachtung abgespeist wurde. Da habe ich immer dankend abgelehnt: Entweder essen wir alle oder niemand. Das hat funktioniert.

Es ist bitterkalt und wir stehen mit unserem Schnittbus auf einem einsamen Parkplatz – auch aus Angst jemand könnte mein tolles Filmmaterial entdecken und die Ausstrahlung verhindern. Wie immer muss es schnell gehen, ein Zusammenspiel zwischen dem von mir sehr geschätzten und auch mehrfach stresserprobten Cutter Günther und mir ist gegeben. Viele Worte werden nicht gewechselt, jeder weiß, was zu tun ist. Wir haben 30 Minuten Zeit für einen 1,30-Minuten-Beitrag, während sich der Cutter Bild für Bild weiterhantelt, versuche ich nebenbei zu texten, während ich mit dem »Chef vom Dienst« in Wien in Kontakt bin. Wir sind aus Zeitgründen der letzte Beitrag – geschafft, der Beitrag ist auf Sendung.

Am nächsten Tag Szenenwechsel auf die Festspielbühne in Bregenz. In der »Tosca«-Kulisse finden am Abend die Dreharbeiten ihre Fortsetzung. Der Star der »Tosca«, Sebastian Soules, avanciert in dienstlicher Mission für James Bond sozusagen vom Solist zum Statist. Nun heißt es für die 200-köpfige Filmcrew von James Bond – »Mission Seebühne«.

Bereits im Jänner wurden von der Schweizer Produktionsfirma »Unicorn Media« Statisten gesucht. Rund 5.200 Personen haben sich am Casting beteiligt. Ein zwölfköpfiges Team unter der Leitung von Leonhard Gmür suchte von Freitag bis Sonntag 1.500 Komparsen aus, die Operngäste mimen sollen. Die Unterlagen der Auserwählten wurden dann nach England geschickt. Das Team rund um Regisseur Marc Forster trifft dann die Entscheidung, wer im James Bond mitspielen darf.

Der Held trinkt zwar regelmäßig Martini, ein Alkoholproblem ist aber nicht überliefert. James Bond bringt gerade das sonst so beschauliche Ländle in Wallungen, und sogar die alemannische Gründlichkeit ist dahin: Dass Bond am Bregenzer Flughafen landet, den es gar nicht gibt und durch eine Altstadt düst, die in Feldkirch steht.

Für den Geheimagenten Ihrer Majestät ist nichts zu schwer. Auch wenn er sich von wirklich waghalsigen Männern doubeln lässt. Die Dreharbeiten wurden vorgezogen, doch das dürfte sich nur bis zu den Stuntmen durchgesprochen haben. Denn die üben bereits den »fast« freien Fall für 007.

Bis sechs Uhr früh sind die Dreharbeiten angesetzt. Doch wenn es so gut läuft, wie beim Filmset gestern Nacht, dann kann Hauptdarsteller Daniel Craig bereits gegen Mitternacht wieder in sein Hotel zurückkehren. Und zum ersten Mal erfahre ich aus berufenem Munde, was in der Kulisse der »Tosca« wirklich gedreht wird. Bühnenarbeiter Gavin Gordon: »Heute morgen haben wir an dieser Rampe gearbeitet. Bond wird hier entlanglaufen und ins Publikum springen. Ich glaube dann wird er einen umbringen – wie immer.« Gut möglich, dass auch diese Informationen zur PR-Maschinerie der Bond-Macher gehören, um das Interesse an den Dreharbeiten weiter hoch zu halten. Auch der Pressechef der Bregenzer Festspiele, Axel Renner, macht nicht so gern gemeinsame Sache mit James Bond. Denn in seiner Nebenbeschäftigung als Fan weiß er, in jedem Film hinterlässt Bond eine Spur der Zerstörung. »Na, gut, James Bond wird mit sich reden lassen«, blödeln wir.

Denn ich kann es nicht übersehen: Daniel hat sich die Ohren anlegen lassen.

Daniel Craig ist mit seinem ersten Bond »Casino Royale« der erfolgreichste Bond aller Zeiten. Bei der Weltpremiere von »Casino Royale« in London wartete ich bei strömendem Regen auf dem Roten Teppich auf Daniel Craig und da war Daniel noch überzeugt: »Nein, nein, Bond hat mich nicht verändert.« Was nicht so ganz stimmt. Denn ich kann es nicht übersehen: Daniel hat sich die Ohren anlegen lassen...

Ja, es gibt ein Leben nach Bond. Nach elftägigen Dreharbeiten des 22. James Bond-Abenteuers »Quantum of Solace« ist die Filmcrew aus Vorarlberg abgereist und hat eine Spur der Superlative hinterlassen. Allein die Inszenierung der »Tosca« auf der Bregenzer Seebühne kam auf eine annähernd gleiche Spielzeit wie in einem Festspielsommer. Bei den rund 80 Drehstunden waren zu Spitzenzeiten rund 2.500 Personen involviert – die 1.500 mitwirkenden Statisten mitgerechnet. Ein Filmdreh, der ein ganzes Bundesland in den Ausnahmezustand versetzt hat. Über die Höhe der Kosten – das große Schweigen. Immerhin musste drei Monate vor Beginn der Festspiele die komplette Inszenierung auf die Beine gestellt werden. Auf die Frage an den Geschäftsführer des Bregenzer Festspielhauses, Gerhard Stübe, wieviel Geld denn an die Bond-Produktionsfirma bezahlt wurde, damit »Tosca« auf dem See zur Filmkulisse wird, meinte er: »Ich möchte mit einem typischen Vorarlberger Spruch antworten: ›Schaffa, schaffa, Hüsle boua, Katz verkoufa, selber musa!‹ (Die sinngemäße Übersetzung: ›Viel arbeiten, ein Haus bauen, die Katze verkaufen und selber die Mäuse fangen!‹)« – also mit dem Geld haushalten!

Wäre ob der Geschäftstüchtigkeit der Vorarlberger nicht verwunderlich, wenn sie für die Bereitstellung der »Tosca« für den Bond-Dreh noch etwas bezahlt bekommen hätten.

Was die Finanzkraft betrifft, können auch Bonds Gegenspieler mithalten – im Film. Die Darsteller ziehen ihren Profit aus ihrer Bekanntheit. Wer einmal Bond in ausweglose Situationen gebracht hat, der genießt internationalen Ruhm, so wie Mads Mikkelsen als »Le Chiffre«, wie er mir persönlich erzählt: »Das Wichtigste: Es ist ein Bond-Film. Wer bin ich, dass ich diese Rolle ablehnen kann? Es war eine großartige Gelegenheit. Und dazu war das Drehbuch völlig anders als die vorhergehenden Bond-Filme. Es war realistischer. Und ich wollte schon immer mit Bond pokern.«

Gepokert hat er nicht, der Beißer. Er war der Mann fürs Grobe und der einzige – der auf Publikumswunsch hin – Bond in zwei Filmen das Leben schwer machen durfte. Richard Kiel: »Irgendetwas mochten die Menschen an mir. Ich war ein harter Kerl und habe meinen Job gemacht. Manche haben gehofft, dass ich James Bond erwische, ihn zwar nicht töte, aber dass er seine Tracht Prügel bekommt.«

Bei der Synchronisation muss ich James Bond genau aufs ›Maul‹ schauen.

Schauspieler und Synchronsprecher Dietmar Wunder

Die Fans wissen es schon lang: »Ein Bond-Film ist nur so gut, wie sein Bösewicht«. Am 7. November 2008 kommt der neue Bond »Quantum of Solace« in unsere Kinos – dann wissen wir, wie gut Bond Deutsch spricht. Ich konnte das Geheimnis bereits vorher lüften, habe recherchiert und bin auf den damals 42-jährigen Berliner Schauspieler und Synchronsprecher Dietmar Wunder gestoßen. Er leiht seit dem letzten Bond-Film, »Casino Royale«, seine deutsche Stimme – wie auch vielen Hollywoodschauspielern – Daniel Craig. »Bei der Synchronisation muss ich James Bond genau aufs ›Maul‹ schauen.“ Daniel Craig selbst kennt seine deutsche Stimme noch nicht: »Ich hoffe, ich bekomme die Chance, Dietmar Wunder, kennen zu lernen – vielleicht klappt's bei der Deutschlandpremiere in Berlin.«

Nie werde ich den Augenblick vergessen, als ich in Berlin vor Dietmar Wunder stehe und er in die Kamera spricht: »Mein Name ist Bond, James Bond!« – eine unglaubliche Stimme. Und übrigens: Selten bin ich so herzlich von einem Schauspieler empfangen worden.

Jeder Bond-Film endet mit den Worten: James Bond wird zurückkehren. Auch wir kehren nach dem 2-tägigen Einsatz erfolgreich nach Wien zurück:

15 Beiträge

30 Sendeminuten

viel Arbeit, viel Freude und

viel Martini, geschüttelt, nicht gerührt – aber darüber schweigt des Sängers Höflichkeit.

Mode: die wichtigste Nebensache der Welt

Jetzt ist er also nicht mehr: Der große Couturier Nino Cerruti ist am 15. Jänner 2022 mit 91 Jahren im italienischen Vercelli gestorben. Unsere erste Begegnung findet 1995 statt. Er besucht seinen exklusiven Store »Cerruti 1881« in der Wiener Innenstadt. Lässig über die Schulter geworfen, sein Markenzeichen: der gelbe Pullover. Nino, durch und durch ein Sir, ein Modepapst. Als sein Vater stirbt, bricht Nino sein Philosophie- und Journalismus-Studium ab und tritt das modische Erbe seines Großvaters an. Da ist er gerade 20. Seine erste Herrenkollektion zeigt er 1957, elf Jahre später die Damenkollektion: Unter dem Label »Cerruti 1881« (in Erinnerung an die 1881 in Biella gegründete Stofffabrik seines Großvaters und dessen zwei Brüder »Lanificio Fratelli Cerruti«) entwirft er edle Businessmode, ganz klassische, mit luxuriösen Materialien. In Paris schickt er 1970 weibliche und männliche Models nebeneinander über den Laufsteg, um seine Damen- und Herrenkollektion gleichzeitig zu präsentieren. Das kommt einer Revolution gleich.

Die Mode ist so hässlich, dass sie zweimal im Jahr erneuert werden muss.

Modeschöpfer
Rudolph Moshammer

Und mittendrin, im Jahr 1961, wird er auf den Schaufenster-Dekorateur des Kaufhauses »La Rinascente« in Mailand aufmerksam. Es ist Giorgio Armani, damals 27 Jahre jung. Zehn Jahre lang entwirft er Anzüge für Nino Cerruti. Bis er 1974 mit seiner eigene Kollektion an die Öffentlichkeit tritt. Als selbständiger Designer fegt er mit einer Handbewegung den jahrhundertealten Staub von allen Anzügen und verzichtet auf diese bretthärten Einlagen und mauerdicken Auspolsterungen. »Die Zeit war reif«, meint er dazu nur

MAILAND
28.–30.6.1994
Assi
Ferdinand
Steininger

lakonisch, »und die Männer waren froh über die neue Freiheit, die dem lässigen, ungezwungenen Lebensstil entsprach, den sie bevorzugten.« Auch die Damen begeistern sich für den neuen Look. Armani ist der Neuentdecker. Das weiche Herrensakko wird zum Erfolgshit und Kultstück der modernen Frau.

Das Armani-Jackett mit leicht androgynem Unterton ist das Non plus ultra unserer Zeit. Sogar ein Karl Lagerfeld muss zugeben: »Er macht wunderschöne Sachen.«

Das Geheimnis seines Erfolges klingt einfach: »Meine Entwürfe sollen so realistisch sein, dass Frauen, die sie tragen, nicht aussehen, als wollten sie zum Kostümball.« Es funktioniert, der weltweite Umsatz gibt ihm recht. Der Mann ist ein Arbeitstier, lebt zwischen sparsam angeordneten Art-deco-Möbeln. Er raucht nicht, trinkt nicht, isst fast nichts und mag keine Partys. Verachtet jeden Pomp und jedes eitle Sich-zur-Schau-Stellen. Wo lässt der eigentlich sein Geld?

Wir Modeschöpfer üben einen wunderbaren Job aus, aber es ist ein Beruf und kein Mythos.

Modeschöpfer
Giorgio Armani

Interviews gibt Giorgio Armani nie. Außer er wird mit Geburtstagsglückwünschen überrascht. Und das ist mir zu seinem 60. Geburtstag am 11. Juli 1994 geglückt. Dann macht der Mode-Asket schon einmal eine Ausnahme. Und es entwickelt sich ein herrliches Gespräch: »Sie können Mode designen und die Menschheit glauben lassen, dass diese Entwürfe genau das sind, was sie wollen. Es ist wie ein Spiel. Die Modeinteressierten sagen mir nicht immer, was sie wollen. Das wäre zu leicht. Ich will, dass die Leute hinterfragen, was ich ihnen da zeige. Wie mein Erfolg zu erklären ist, weiß ich wirklich nicht. Und das ist die Wahrheit. Diesen Job kann man nicht ohne Begeisterung machen. Mode braucht man zum Leben. Aber man sollte das echte Vertrauen der Leute nicht missbrauchen. Man darf nicht das Verlangen der Leute, etwas Schönes zu tragen, ausnützen. Man muss gerade Kreationen mit großer Aufmerksamkeit und mit großer Logik machen. Wichtig ist, dass man auf den Preis achtet, auf die Märkte, auf die Materialien – das war vor einigen Jahren noch völlig überflüssig. Damals wurde Mode noch als etwas Wesentliches betrachtet.

Die Designer waren ständig im Fernsehen präsent, sie waren Mythen. Wir müssen allem eine richtige Dimension geben. Wir Modeschöpfer üben einen wunderbaren Job aus, aber es ist ein Beruf und kein Mythos.«

Ich bin zum ersten Mal dienstlich in Mailand. Die österreichische Tageszeitung »DER STANDARD« hat mich gebeten, von der Milano Collezioni Donna zu berichten. Vom 5. bis 8. Oktober 1992 wird die Frühjahrs- und Sommermode 1993 präsentiert.

Im 4-Sterne-Hotel Liberty in der Via Bligny wurde für mich ein Zimmer gebucht. Noch heute erinnere ich mich an die farbenfrohen Mosaikscheiben hinter der Rezeption in dem ansonsten eher nüchtern ausgestatteten Hotel. Ich soll hier eine Woche bleiben und täglich von den neuesten Modetrends berichten. Klingt gut, aber zuerst muss ich mir Einlass zu den Modeschauen organisieren. Ich nehme die Telefonbücher Mailands von der Rezeption mit in mein Zimmer, packe meine kleine Reiseschreibmaschine und Papier aus und beginne, die einzelnen Designer durchzutelefonieren. Einen ganzen Nachmittag lange habe ich dafür Zeit, morgen beginnen die Schauen. Und es gelingt: Ich habe für den ersten Tag mehr Einladungen, als ich wahrnehmen kann. Ich sortiere die bekannten Designer nach vorne, die noch wenig bekannten Modeschöpfer als Ersatztermine nach hinten.

Stundenlanges Anstehen am nächsten Tag bei den Modeshows – die meisten beginnen unpünktlich – ich muss ständig umdisponieren und die vereinbarten Interviewtermine verlegen. Nach den Schauen muss ich schnell sein, denn ich muss noch einen Fotografen »auftun«, der mir zu einem erschwinglichen Preis Fotos der jeweiligen Modelabels verkauft. Rückblickend betrachtet lässt mich das schmunzeln - ich war schon recht einfallsreich!

Ich treffe eine Kollegin aus Wien. Wir landen im »Ristorante a Santa Lucia« und lassen uns eine Pasta schmecken. Doch die Pflicht ruft. Ich muss noch den Artikel schreiben, den ich in der Nacht per Fax in die Redaktion schicke. Kurz gesagt: Das war das Stressigste der ganzen Mailandwoche. Die Fax-Leitung nach Wien war dauernd besetzt. Der Nachtportier hat mir angeboten, es in der Nacht öfters zu probieren. Doch ich habe ihm nicht vertraut und ihm nicht einfach meinen Artikel überlassen. Die ganze Arbeit wäre umsonst gewesen. Also machte ich einen Versuch nach dem anderen, bis die Sendebestätigung kam – und ich durch die vielen Espressi hellwach war.

An Schlaf war nicht zu denken.

In der zweiten Nacht habe ich Nachtportier Sergio gerne als »Faxer« beschäftigt. »Elisabetta, das mache ich gerne für dich!« Sieben Jahre lang war ich viermal jährlich im Dienste der Mode in Mailand. Habe noch Zeit gefunden, den Mailänder Dom zu besichtigen und auf seinem Dach spazieren zu gehen, im Kaufhaus »Rinascente« das neueste Parfum zu kaufen und in der Pasticceria »Cova« in der Via Montenapoleone, nach alter englischer Sitte, den Nachmittagstee zu genießen. Heute noch für mich bei jedem Mailand-Besuch ein Plichttermin.

MODE ALS DAUERBRENNER

Immer wenn die neue Saison naht, überkommt uns ein merkwürdiges Zucken: Wir schieben mit kurzen Handbewegungen unsere Kleidung im Schrank hin und her und stellen fest, dass wir wieder einmal nichts anzuziehen haben. Auch ich kenne dieses Phänomen. Wenn man wie ich für ein optisches Medium arbeitet, hat auch das modische Erscheinungsbild zu stimmen. Es ist nicht so, dass ich ein Computerprogramm installiert habe, das mir – nach meiner »Fütterung« – täglich ausspuckt, welches Outfit ich bei welcher Veranstaltung getragen habe, sondern ich mache das »händisch«. Trage in meinen Kalender ein, welches G'wand ich wann und wo getragen habe. Der erste Eindruck ist entscheidend. Das gilt auch für mich vor der Kamera. Die Frage ist, wie meine Botschaft/Message beim Gegenüber, also beim Seher, ankommen soll. Dabei ist neben der Stimmlage, dem persönlichen Styling (Frisur, Make-up) auch die Auswahl der richtigen Kleidung (in Stil und Farbe) von besonderer Bedeutung.

Bei Livesendungen im ORF bekomme ich als Kommentatorin ein Outfit gestellt, das ich meist Tage vorher anprobieren kann. Da bin ich sehr heikel, muss ich gestehen. Denn Kleidung, die zwar auf dem Bildschirm gut ausschaut, aber meinen Typ nicht unterstreicht, sondern in Konkurrenz tritt, ziehe ich nicht an. Und da bin ich sehr stur. Sehr oft habe ich mich dann noch selbst an die Nähmaschine gesetzt, um eine dem Anlass entsprechende Kreation zu nähen. Es gehört zur optimalen Selbstdarstellung, dass ich mich richtig ins Bild setze.

Also, Kleidung ist lebenswichtig. Und daher begeben wir uns auf Shoppingtour bis die Kreditkarte glüht. Viele geben dem bösen Konsumzwang die Schuld. Doch längst wissen wir auch, dass Mode und Wandel der Mode Urbedürfnisse der Menschen sind. Modisch up to date zu sein, ist keine vorübergehende Zeiterscheinung, sondern fixer Bestandteil unserer Welt.

Wir Modeschöpfer können nicht Krebs heilen. Wir können nicht Menschen in den Weltraum schießen. Wir machen nur Kleider. Wir sollen uns nicht zu ernst nehmen.

Modeschöpfer
Karl Lagerfeld

»Es gibt nichts Neues in der Männermode. Alles war schon einmal da«, stöhnt mir Gianfranco Ferré 1995 ins Mikrofon. »Aber trotzdem gibt es eine Menge Neues. Die Art des Spielens mit verschiedenen Dingen, mit dem Sinn fürs Lebendige, unter Verwendung von Materialien wie weiche Shirts, wie Samt. Ich kaufe viele Stoffe in Italien, einige in England und einige, die für Österreich typisch sind. Alle Stoffe werden exklusiv für mich gemacht.«

Der Mann ist und isst gewaltig. Jede Menge Spaghetti und mindestens vier (!) Portionen Mousse au Chocolat pro Tag. Und zweimal im Jahr ist sein Appetit besonders gewaltig: Wenn er die neuen Kollektionen entwirft. Dann bringt er es locker auf 110 Kilo. »Nachdenken kostet Kraft und macht mich hungrig.«

»Mode ist Teil meines Lebens, meine Arbeit, mein Glaube und ein Ausdruck. In meinen Wohnorten Paris und Mailand habe ich selbst zwei Räume voll mit Anzügen. Das sagt doch alles.« Auch der Designpapst Gimmo Etro gibt sich kaufwütig: »Ich brauche sehr viel Geld für meine Kleidung, denn ich kaufe überall ein. Egal wo, wenn es mir gefällt, dann kaufe ich es.«

Hektisch geht es bei den Modeschauen im Backstage-Bereich zu. Hier ist auch die einzige Möglichkeit, Designer und Topmodels zu interviewen. Lange vorher müssen die Interviewwünsche bei der Pressestelle des jeweiligen Modelabels schriftlich eingereicht werden. Ich weiß nicht mehr, wie viele Verträge ich unterschrieben habe, immer mit der Verpflichtung, keinen Millimeter nackter Haut zu filmen. Was nicht immer so ganz einfach war, da ja ständig Kreationen an- und ausgezogen werden, da und dort noch Veränderungen nötig sind und auch das habe ich oft gesehen: Models, die direkt ins Kleid hinein genäht wurden.

Für Topmodel Cindy Crawford ist das alles kein Problem: »Für mich ist modeln großartig und ich beschwere mich auch nicht, weil ich sehr glücklich bin. Wie sagt mein Vater immer? ›Modeln ist ein Job.‹ Und es gibt Tage, an denen ich mich mit Freundinnen treffe, einkaufen gehe, was auch immer ... Nur das Reisen ist sehr schwierig. Man vermisst seine Freunde, sein eigenes Bett. Auf der anderen Seite ist es toll zu reisen, weil man die Welt kennenlernt. Manchmal braucht man viel Geduld, weil man warten, warten und nochmals warten muss. Für mich ist es nicht sehr anstrengend, weil ich gerne arbeite.

Wenn ich in der Öffentlichkeit bin, habe ich den Druck wie Cindy Crawford, das tolle Model, auszusehen. Leute wollen eine tolle Frisur, ein aufregendes Make-up, sexy Kleidung – wenn das so ist, dann arbeite ich. Aber sobald ich zuhause bin, wasche ich mein Gesicht, binde meine Haare zu einem Pferdeschwanz, ziehe bequeme Kleidung, meine Lieblingsjeans, an und entspanne mich. Kürzlich saß ich am Swimmingpool meines Hauses und hörte eine Kamera klicken. Das ist unfair, weil ich daheim eine Privatperson bin.

Ich mag nicht immer Make-up tragen und mag nicht immer gestylt sein. Man fühlt sich vergewaltigt, wenn man am Pool sitzt, einen Brief schreibt, ungeschminkt mit Pferdeschwanz – und den Fotoapparat klicken hört.

Ich bin ein normaler Mensch. Ich habe gute und schlechte Tage. Aber es gibt Tage, da wache ich auf und fühle mich dick und hässlich und ich finde keinen Bezug zum Fotografen, der Kamera oder der Kleidung. An den Tagen, an denen man sich nicht so wohl fühlt, braucht man mehr Energie, um seinen Job zu machen und hofft, dass man es richtig macht. Aber es macht einfach viel mehr Spaß, wenn man gut drauf ist!« Als Supermodel zählt sie in den 90er Jahren mit Linda Evangelista, Claudia Schiffer, Naomi Campbell, Kate Moss und Christy Turlington zu den sechs besten der Welt.

»Ich arbeite ja nicht für anonyme Kleiderbügel. Für mich sind die wahren Stars von heute nach wie vor die Supermodels. Claudia Schiffer war immer schön, Christy Turlingtons Eltern konnten nicht mit ihr auf die Straße gehen, ohne dass die Leute dieses Kind angestaunt haben.

Ich arbeite ja nicht für anonyme Kleiderbügel. Für mich sind die wahren Stars von heute nach wie vor die Supermodels.

Modeschöpfer
Karl Lagerfeld

Aber Nadja Auermann und Linda Evangelista, die haben dafür gekämpft und sind so einmalig geworden. Das finde ich noch interessanter. Weil sie menschlich verletzlicher sind. Als Model ist für mich Linda Evangelista die Größte. Jemand sagte einmal ganz richtig: ›Lindas Geheimnis ist, dass sie alle Frauen in einer ist. Da ist eine gewisse poetische Qualität, die sonst keine hat.‹«, weiß Karl Lagerfeld

Jean-Paul Gaultier, exzentrischer Modedesigner aus Frankreich, weiß ganz genau, worauf es bei einem Model ankommt: »Mein Hauptinteresse gilt der Persönlichkeit der Models und nicht ihren Maßen. Also sage ich zu Mädchen, die dünn sind, nur dann ja, wenn ich ihren Körper mag und ich sie interessant finde. Aber nur dünne Mädchen auszusuchen, weil sie in Mode sind, das tue ich nicht. Es gab ein Model, ich sage keinen Namen, das für Fotoaufnahmen sehr gut war, aber bei Modeschauen gänzlich versagte. Es konnte die Blicke nicht auf sich ziehen. Es existierte nicht.«

Doch zurück zur Fashionshow. Während also hinter den Laufstegen den Models der neue Frisurentrend auf den Kopf gezaubert und der Make-up-Trend ins Gesicht geschminkt wird, prasselt draußen im Saal ein Blitzlichtgewitter auf die internationale Prominenz nieder. Für immer mehr Aufsehen sorgt die Schau vor den Schauen. Jeder Designer, der auf sich hält, lädt seine Lieblingsschauspieler zu seiner Show ein. Bei GENNY ist es die französische Schauspielerin Catherine Deneuve, die extra wegen der einen Modeshow ihrer Freundin, der Modeschöpferin Donatella Girombelli, aus Paris angereist ist. Und da die Schauen auf der ganzen Welt mit erheblicher Verspätung beginnen, ist auch noch genügend Zeit für Interviews.

Catherine Deneuve: »Mode ist eine große kommerzielle Sache. Viele Leute sind involviert und arbeiten für die Mode. Daher ist sie wichtig. Zudem ist sie wichtig, weil es für die Menschen eine Möglichkeit ist, sich selbst zu präsentieren – sogar für Leute, die sagen, sie mögen die Mode nicht. Mein Kleidungsstil wurde nicht berühmt. Ich habe immer schöne Stoffe geliebt und mich hat interessiert, wie die Teile gemacht werden. Ich gehe gerne in Museen, wenn Ausstellungen über Stoffe und Kostüme gezeigt werden. Das mag ich.«

Und schon haste ich zur nächsten Show der britische Designerin Vivienne Westwood. 1996 zeigt sie zum ersten Mal ihre Vorstellung von Männermode auf dem Laufsteg. Vivienne Westwood: »Ich habe schon immer Männermode entworfen, aber es ist das erste Mal, dass ich sie in einer Show zeige. Bis jetzt habe ich Männermode durch Frauen vorführen lassen. Ich verkaufe erst seit kurzem Männermode, da ich bis jetzt nicht die Möglichkeit hatte, in großem Rahmen zu produzieren. Jetzt tue ich es und daher mache ich auch eine Show. Ich habe mit Männermode begonnen, da die Schneiderkunst die Basis ist für alles, was ich tue. Ich übernehme Details, das Aussehen von Details, manchmal vom Mann für die Frau und manchmal umgekehrt. Wenn man meine Show sieht, erkennt man – glaube ich – keinen wirklichen Unterschied zwischen Männer- und Damenmode.« Und nach einer Nachdenkpause: »Es langweilt mich sehr, wenn ein Mädchen eine schlampige Frisur hat, dann mag ich es nicht anschauen. Genauso einen Mann, der eine Jogginghose trägt. Ich könnte mich mit so einer Person nicht unterhalten.« Und lacht…

Zwei Jahre später bin ich mit Vivienne Westwood erneut zum Interview verabredet. Es dauert bis die Hohepriesterin des Individualismus zum vereinbarten Termin erscheint. »Sie ist noch beim Friseur, you know, es wäre nicht fair, ohne Styling vor die Kamera zu sitzen«, bestimmt die hochbeinige in Westwood gekleidete Sekretärin freundlich und verschiebt das Interview um eine Stunde. Dann erscheint die 56-jährige Avantgarde-Designerin Vivienne Westwood in einer hautengen eigenen Kreation, die den Blick auf ihren – dank hervorragender Schnitttechnik – nach oben gehievten, prallen Busen lenkt: »I am sorry, ich bin nicht Mae West, die Sie absichtlich warten lässt, aber die Verschönerung dauert bei mir nun schon etwas länger!«

Als junge Frau mit grellgefärbten Haaren und zerrissenem T-Shirt, auf dem in verwackelten Buchstaben groß »Destroy« geschrieben stand, verhalf die Tochter einer Arbeiterfamilie aus dem Nest Tintwistle in Manchester und ehemalige Volksschullehrerin in den 70er Jahren der Punk-Generation zu einem Aussehen, das die Bürger erzittern ließ.

»Man nennt Sie ›Mutter des Punk‹ – schmeichelt Ihnen diese Bezeichnung?«, frage ich Vivienne Westwood: »Die Punk-Mode kam aus unserem Geschäft und wurde aus unserem Shop auf die Straße getragen. Somit stimmt ›Mutter des Punk‹, weil wir dem Punk zur Geburt verholfen haben.«

Aus dem Underground springt sie direkt in die Metropole der Haute Couture, nach Paris, und erregt dort mit ihren schrägen Shows viel Aufsehen.

Ich war dabei, saß in der ersten Reihe, als ich lauter »gefallene« Mädchen weinen sah. Topmodels wie Naomi Campbell zum Beispiel, die genau vor meinen Augen aufgrund der überdimensional hohen Plateauschuhe umgekippt sind und auf dem Laufsteg zu liegen kamen, sich wieder hochrappelten und froh waren, keinen Beinbruch erlitten zu haben. Der Aufschrei des Publikums war nicht zu überhören.

Auch der Aufschrei von Vivienne Westwood fand Einzug in die Modemagazine. Traute sich doch tatsächlich ein Modeschöpfer ihre Kreationen zu kopieren. Westwood: »Jean Paul Gaultier hat wirklich Ideen von mir abgekupfert und als eigene verkauft.«

Heute steht Vivienne Westwood der 33-jährige Andreas Kronthaler aus dem österreichischen Zillertal zur Seite. Getroffen haben sie sich 1990 in Wien, wo »Viv«, wie sie ihre Freunde liebevoll nennen, als Nachfolgerin von Jean Charles de Castelbajac die Meisterklasse für Mode an der Hochschule für Angewandte Kunst in Wien übernahm. Vivienne Westwood verließ Wien nach zwei Jahren Lehrtätigkeit und nahm sich ihn als kleines »Souvenir« mit.

Schlussendlich hat sich Englands exzentrische Modeschöpferin internationalen Ruhm erworben. Westwood: »Ich habe keine Ausbildung, habe das Schneiderhandwerk nicht erlernt. Aber ich habe Talent. Ich bin mit dem geboren, was ich die ›spezielle Intelligenz‹ nenne. Ich bin viel in Museen gegangen. Da lernt man, zu sehen. Natürlich wäre ich sehr froh, wenn ich eine Ausbildung wie Yves Saint Laurent bei Dior gehabt hätte. Dagegen ist mein Respekt vor Karl Lagerfeld sehr gering. Er kann nie wirklich originell sein, weil er keine intellektuelle Neugier hat.«

Doch das sieht der einstige Architekturstudent Gianni Versace ganz anders. Der Groschen fiel, als er zum ersten Mal eine Kollektion von Karl Lagerfeld sah: »Da dachte ich, das bringst du auch, sollen doch andere Häuser bauen.«

Keiner ahnt so schnell, was Trend wird, wie Versace. Das gibt sogar die Konkurrenz zu. Sein ärgster Mode-Widersacher kommt ganz aus der Nähe: Armani. Dem nimmt er es – als er schon ganz oben auf der Erfolgsleiter steht – immer noch übel, dass er schneller bekannt wurde als er. So sind Künstler.

Der französische Modeschöpfer Paco Rabanne ziert sich nicht und macht gleich einen Rundumschlag: »Im Grunde bin ich der erste Klassiker der zeitgenössischen Mode. Alle anderen sind nur barocke Dekadente, die glauben, unsere Zeit zu revolutionieren, indem sie pompös ankündigen, den Saum um drei Zentimeter zu kürzen.«

DER HERR DER 133 NOPPEN

Für mich geht's weiter zum nächsten Termin, zu Diego Della Valle, dem Erfinder der Tod's. Der 41-jährige Jurist aus dem malerischen Kaff San Elpidio al Mare in der Provinz Ascoli Piceno hatte, seit er 1975 den großväterlichen Betrieb übernommen hatte, stets den richtigen Riecher für Marken und Produkte, die Qualität, Handwerk und Lifestyle so souverän vereinen, dass flüchtige Modetrends ihnen nie etwas anhaben konnten. Bestes Beispiel: Die Mokassin-Klassiker von J.P. Tod's, dem Paradepferd im Della-Valle-Stall. Die unverschämt bequemen Slipper mit den 113 Gumminoppen auf der Sohle sind innerhalb kürzester Zeit zum internationalen Kult-Treter avanciert.

In seinen 15 Fabriken wacht er gern selbst darüber, dass wirklich 90 Prozent an seinen Schuhen von Hand gemacht werden. Ganze 110 Arbeitsschritte sind erforderlich, um diesen Kultschuh der Zeitgeistigen herzustellen.

Sein Arbeitstag vergeht buchstäblich wie im Flug. Zu seinen Produktionsstätten nimmt er den Hubschrauber, zu seinen 13 Läden in Italien, Paris, New York und Düsseldorf bevorzugt er den eigenen Falcon-Jet.

So auch an diesem Tag, als ich pünktlich zum Interview in der Firmenzentrale eintreffe. Diego wird sich verspäten. Wegen Nebel in Paris ist momentan kein Start möglich. Ich warte geduldig, tauche diese unwiderstehlichen Cantuccini mit Mandeln in den Espresso, der in der dickwandigen Tasse seinen Duft verströmt, und warte, und warte… Auch nach drei Stunden des Wartens lichten sich die Nebel in Paris nicht und der Interviewtermin wird auf einen noch unbekannten Termin verschoben.

Doch Diego della Valle hält Wort und ich werde für einen ganzen Tag in die mittelitalienische Provinz Marche eingeladen, dort, wo die Tod's laufen lernten!

Die ruhige Provinz ist mit rund 6.000 Herstellern das größte Schuhzentrum der Welt. Hier hat der dynamische Modemanager Diego della Valle den vererbten Familienkleinbetrieb mit industrieller Fertigung zu einem der größten Schuhhersteller der Marche ausgebaut. An seinen neuen Firmensitz im kleinen Dorf »Casette d'Ete« bekomme ich eine Betriebsbesichtigung, »Pasta alla Mamma« in der Kantine und anschließend das versprochene Interview. In den 40ern war der Tod's ein amerikanischer Rennfahrerschuh. Heute ist er ein Freizeitslipper, der sich durch edelste Qualität von Schuhproleten distanziert.

Für die erste Werbekampagne musste John F. Kennedy herhalten, obwohl die Tod's erst zehn Jahre nach Kennedys Tod erfunden wurden.

Manchmal gehe ich auch fremd und dann trage ich die Schuhe der Konkurrenz, aber nur um herauszufinden, wie die Trageeigenschaften sind – betreibe sozusagen Betriebsspionage.

Modemanager
Diego Della Valle

»Ich selbst besitze so um die 200 Paar Schuhe. Natürlich sind die meisten dieser Schuhe aus unserer eigenen Produktion, die ich teste, bevor sie auf den Markt kommen. Ich bin sozusagen der Testfahrer der eigenen Firma. Manchmal gehe ich auch fremd und dann trage ich die Schuhe der Konkurrenz, aber nur um herauszufinden, wie die Trageeigenschaften sind – betreibe sozusagen Betriebsspionage.«

Nun hat sich der Schuhmilliardär um kolportierte zwei Millionen Schilling (= 145.300 Euro)einen Traum erfüllt. »Ich habe oft Filme über die Yacht ›Marlin‹ von John F. Kennedy gesehen. Nun wurde die Yacht bei der Auktion von Christie's in New York versteigert. Da das Glück immer auf meiner Seite ist, habe ich den Zuschlag erhalten und die Yacht wird noch diese Woche nach Italien überstellt werden.«

Ein Erfolg mehr für den »Mozart der Mokassins«.

»Die Bezeichnung mag ich. Aber was würde wohl Mozart dazu sagen?«

Als ich mich anschicke, Auf Wiedersehen zu sagen, hält Diego eine Überraschung für mich bereit. Ich werde im Privat-Jet des Chefs zum Flughafen gebracht. Drinnen, feinstes Leder in hellbeige, ein mehrmaliges Nippen am Gläschen Champagner, kurzer Eindruck, wie der Alltag der oberen Zehntausend aussieht, dann Landung mitten auf dem Flugfeld... Die Ernüchterung des lauwarmen Instant-Kaffees im Flieger und dennoch trete ich mit tiefer Zufriedenheit meinen Flug nach Hause an.

Seinen Sohn Emanuele treffe ich kurze Zeit später beim größten Segelwettbewerb der Welt, dem America's Cup in San Diego. Alle zwei Jahre trifft sich die „FORMEL 1« zur großen Dollarschlacht. Emanuele della Valle: »Wir haben einen Spezialschuh für diesen Wettbewerb entwickelt. Er verhindert das Rutschen in jede Richtung, also von hinten nach vorne und von der Seite. Dieser Schuh schützt den Fuß bei jeder Bewegung und bei allen Bedingungen. Ich kann nicht garantieren, dass man mit diesem Schuh gewinnt, aber ich hoffe es. Diese Schuhe sind nicht die hochtechnischsten aber die leichtesten.«

KLEIDUNG IST WIE EINE ZWEITE HAUT

Meistens schreibe ich in der Nacht. Da bin ich am kreativsten. Das war schon immer so. Wenn sich die Zeit der Mitternacht annähert, wenn rund um mich alles im Dunkel versinkt, dann erwache ich und meine Lebensgeister mit dazu. Auf meinem Schreibtisch stapeln sich links und rechts von mir all' die Kalender, die ich führe seit ich schreiben kann, die Vorzüge der schriftlichen Aufzeichnungen entdeckt und fein säuberlich archiviert habe. Wie oft wurde ich aufgrund meiner (ja, ich gebe es zu, manchmal peniblen) Ordnung von Kolleginnen und Kollegen belächelt - heute bin ich froh aus dem Vollen schöpfen zu können. Meine Ordnung hilft mir jetzt, die erlebten Geschichten zusammenzutragen. Ein Blick in den Kalender mit dem eingeklebten Flugticket und schon fühle ich mich zurückversetzt in jene Zeit.

Ich habe tausende Interviews geführt, doch das Schwierigste für mich ist, die Auswahl zu treffen, über wen ich schreiben möchte. Was sind die schönsten Begegnungen, welche die erwähnenswerten, ach, es ist nicht einfach. Manchmal überkommt mich dieses »Aha«-Erlebnis. Da gibt es Begegnungen mit Menschen, die in der Tiefe meiner Erinnerungswelt verschwunden sind und plötzlich wieder auftauchen.

Sie: Erfinderin des mehrfarbigen Wollfadens.

Er: Spitzensportler, italienischer Meister im 400 Meter Sprint.

Gemeinsam: das erfolgreichste Doppel der Welt in Sachen Strick.

Typisch: die Erd- und Herbstlaubfarben auf Pullovern (keiner unter 7.000 Schilling (= 500 Euro)), Teppichen (keiner unter 70.000 Schilling (= 5.000 Euro) und auf Stoffen (die gibt's billiger). Geometrische Muster und

Farben zum Träumen. Ihre Designentwürfe sind schon Kunst. Die besten hängen im New Yorker Metropolitan Museum of Modern Art.

Einmalig: der Firmensitz. In Sunirago am Lago Maggiore. 600.000 Quadratmeter Park, 400 Quadratmeter Villa, und im Wald versteckt die Fabrik. Das Beste: keine Nachfolgeprobleme, drei erwachsene Kinder stricken mit, vier Enkel warten. Ihr Geheimnis: Wir machen alles zusammen. Die Rede ist von den Missonis. 1994 treffe ich Rosita und Ottavio Missoni in Mailand.

Die Italiener kennen die Geschichte. Es war im Jahr 1948, als sich das norditalienische Ehepaar Missoni zu ihrer neuen Liebesmasche bekannte: ihre Faszination für Wolliges. Der Erfolg der gegründeten Strickwarenfirma Missoni war von Anfang an nicht aufzuhalten und ist nun bereits Legende. Das unterstreicht auch die Aussage eines amerikanischen Einkäufers: »Wenn die Missonis beschließen, ihre Modelle inmitten der Wüste zu präsentieren – wir sind dort!«

Anna Piaggi, Italiens schreibender Paradiesvogel, erblickt zuerst die bestrickenden Modelle der Missonis. Klar, dass sie daher bei den Modeschauen als Dank in vorderster Reihe sitzen darf und verständlich, dass sie auch das jüngste Kind aus dem Hause Missoni unter die Lupe nimmt: »Bei den Missonis war am Anfang der Strick, aus dem sich eine Idee entwickelte. Nun ist eine Idee entwickelt und findet Anwendung auf gestricktem Gewebe.«

EINE GESCHICHTE MIT HAKEN UND ÖSEN

Doch nicht alle Designer wollen den Frauenkörper einhüllen – sie setzen auf enthüllen, ohne bloß zu stellen. Jetzt wird richtig hochgestapelt! BHs mit Showeinlage geben dem Dekolleté mächtig Auftrieb. Der Aufwärtstrend ist unübersehbar. An der internationalen Dessous-Front tut sich Erhebliches. Nach dem Motto »Das Gute nach oben« bekommt von Tokio bis Wien alles zunehmend Oberwasser. Frauen bauen Weiblichkeit im Übermaß vor: Überall wird gestopft, unterpolstert, gefüttert, mit flexiblen Drahtbügeln und Schnürkorsagen geformt, gestützt und proportioniert. Die ersten Vorzeichen gab es bereits mit dem „Wonderbra«, der ausgerechnet 1968 auf den Markt kam, als Feministinnen in aller Welt ihre BHs scheiterhaufenweise verbrannten.

Das Modell »Wonderbra« präsentiert ab 2001 das Model Adriana Sklenarikova, die ich in Wien anlässlich der Präsentation eines neuen Society-Magazins treffe: »Berühmt zu sein hat wie eine Münze zwei Seiten. Die Leute nehmen an meinem Privatleben teil. Natürlich ist es toll, wenn mich die Leute mögen, besser als sie hassen mich.« Es ist der »Wonderbra«, der sie ganz nach oben brachte. Wer also heute vollends auf der Höhe sein will – der aktuelle Trendbusen hat eine Oberweite von 94 Zentimetern – hebt und zwängt seine Formen, wie Cher und Grace Jones, in ein Schnürkorsett des New Yorker Designers Pearl. Der Meister erklärt: »Wenn man die Corsage in drei Schritten schnürt, immer fester, haben die inneren Organe eine Chance, sich zu verschieben und anzupassen.«

Wenn man die Corsage in drei Schritten schnürt, immer fester, haben die inneren Organe eine Chance, sich zu verschieben und anzupassen.

Designer Pearl

Stolzgeschwellt Brust zu zeigen war für Frauen nicht immer in Mode. Österreichs Kaiserin Sisi brachte es bei ihrer Größe von 1,72 Meter und 46 Kilo Lebendgewicht auf 50 Zentimeter rund um die Gürtellinie. Für diese elfenhafte Figur schnürte sie sich täglich eine Stunde, schwitzte am Barren und aß wie ein Spatz. Die Schnürung des steifen Dessous ist immer wieder ein einschneidendes Erlebnis.

»Apparate zur Hebung der Milchwirtschaft« hat Karl Valentin den BH der Frühzeit genannt. Und so sahen sie auch aus. Deformierter Brustkorb, angeknackste Rippen und Risse in der Leber, das waren Nebenwirkungen der Dessous von früher. Damals steckten Frauen in einem Korsett aus atemberaubend engen gesellschaftlichen Zwängen und Moralvorstellungen. Jetzt wird mit weiblicher Potenz regelrecht geprotzt. Die erste, die diese Zeichen der Zeit setzte, war Madonna. Als sich die Pop-Ikone in goldenem Gaultier-Korsett mit konisch gesteppten Tütenbrüsten präsentierte, verhalf sie nicht nur der Unterwäsche zum Aufstieg zur Oberbekleidung, sondern setzte auch ein Statement. Ihre sexy Dessous waren zugleich Rüstung und Waffe gegen Prüderie, Reglementierung, Fremdbestimmung und Einengung.

Ich bin vom 23. bis 25. Jänner 1996 bei der Modewoche in Paris. Habe ein Monsterprogramm zu absolvieren: Louis Vuitton, Chanel, Feraud, YSL, usw.

Normalerweise bin ich ja stressresistent, weil mir die Arbeit Freude macht. Doch jetzt macht mir eine starke Erkältung sehr zu schaffen: Meine Nase rinnt und die Stimme ist weg (blöd, wenn man Interviews führen soll). Ich praktiziere vor jeder Show die sogenannte »Rosskur«: Salzwasser durch jedes einzelne Nasenloch hinaufziehen, verweilen lassen und dann wegspülen. Die gleiche »g'schmackige« Prozedur auch mit dem entzündeten Hals wiederholen. Echt grausig – aber es wirkt. Zumindest für eine halbe Stunde...

Die Designerszene strebt nach Weiblichkeit. Nicht nur Modeschöpfer, die eine Frau über 25 ansprechen, scheinen sicher, dass es der Weiblichkeit schmeichelt, wenn sich ums Dekolleté herum viel (oder extrem wenig) tut, der Busen auf vielfache Weise betont wird. Das weckt in uns Erinnerungen an die Floskel mit denen Millionen Mädchen ins gültige Maß gezwungen wurden: »Wer schön sein will, muss leiden.« Und daher auch »Ja« sagen zu einem Leben mit Schrumpfleber, gepressten Rippen, Hautstriemen und Schwindsucht als Folgeerscheinung des Einklemmens in die vertrackten Dessous. Da können noch so tolle Supermodels – eh' nur eine Modeshow lang – in hautenge Korsagen gepresst werden – der Schmerz wird auch angesichts dieser Traumfrauen nicht wirklich gelindert.

Nach dem großen Aufatmen, als nach dem Ersten Weltkrieg das Korsett endgültig aus der Wäschemode verbannt wurde, behaupteten kämpferische Freigeister, für die Emanzipation der Frau sei die Abschaffung des Korsett bedeutender gewesen als das Wahlrecht. Es war die Ära von Coco Chanel und Elsa Schiaparelli – weder Busen noch Taille wurden betont.

Doch dann kam Karl Lagerfeld und mit ihm sein neues Wunderkorsett. »Man darf den Körper nicht mehr ignorieren«, sprach Kaiser Karl 1995 und schickte seine Models in hautengen Corsagen über den Laufsteg.

Shocking-Designerin Vivienne Westwood sagte in der Herald Tribune auf die Frage nach ihren Sexy-Modellen: »Sex... War es sexy? Die Kollektion ist meine Antwort auf die Mittelmäßigkeit in der Mode, in der jeder aussieht wie eine formlose Masse!«

Mit der Damenmode hab' ich so meine Probleme. Denn ich würde sie lieber ausziehen als anziehen.

Popikone
Falco

Die wiederentdeckte Weiblichkeit ist das Frauenbild, das die internationalen Stilisten von Paris bis Mailand gezeichnet haben. Auch Gianni Versace presste die Busen der Supermodels wie Claudia Schiffer und Nadja Auermann in Corsagen. Die Weiblichkeit quoll aus all' seinen Kreationen üppig hervor.

KLEIDUNG AUS LUST AM NEUEN

Und mitten drinnen wird die neue Bequemlichkeit propagiert. Als Zeugin dieser neuen Entwicklung werde ich mit Kamerateam vom Vorarlberger Wäschespezialisten Wolford am 12. Juli 1994 nach Rom eingeladen. Auf der »Spanischen Treppe«, die von der Piazza di Spagna hinauf zur französischen Kirche führt, soll der neue Trend präsentiert werden. Damals ist die Treppe noch Laufsteg für die Schönen, heute ist das Verweilen auf der 1735 fertiggestellten Treppe im Barockstil verboten. Als ich eintreffe, haben bereits alle geladenen Gäste unten an der Treppe Platz genommen. Fackeln in riesiger Anzahl erhellen den steinigen Laufsteg. Viel weiß ich nicht über das, was da auf mich zukommen wird. Es soll eine Überraschung sein. Dann plötzlich erklingen Fanfaren und unter Trommelwirbel wälzt sich eine noch unbekannte Gestalt über die 135 Stufen von oben nach unten. Das gleißende Scheinwerferlicht lässt den weißen Body und die weiße Strumpfhose erstrahlen. Unten angekommen, erhebt sich unversehrt die jamaikanische Performancekünstlerin Grace Jones. Noch ist mir nicht ganz klar, wie ich die neue Bequemlichkeit erkennen kann. Ich darf mich ihr nähern und stelle fest: Es gibt keine Nähte. Auch Grace Jones zeigt sich begeistert (na, ja, das Honorar wird mit Sicherheit kein geringes sein): »Eine Strumpfhose ohne Nähte ist wunderbar, weil man alles darunter tragen kann, auch sehr Körperbetontes. Und das macht mich noch mehr sexy. Und ich weiß, was Männer und auch Frauen mögen.«

Eine Frau hat sexy zu sein, wenn sie sich auszieht. Nicht vorher.

Designer
Gerald Watelet

Der Abschluss der modischen Neuheit wird in der Via Condotti, drei Gehminuten von der Spanischen Treppe entfernt, gefeiert. Die eleganteste Einkaufsmeile in Rom ist abgesperrt. Eine meterlange Tafel aufgebaut. Das Essen italienisch üppig, der Vino Rosso geschmeidig, die Musik inspirierend, die Gäste immer zutraulicher. Die letzte Filmszene: eine auf den Tischen tanzende Grace Jones...

Der Blick gefriert, trotz heißer Sommermode. Der Grund ist die Außentemperatur von minus 30 Grad. Eine Vorarlberger Modefirma hat sich eingebildet, ihre Sommermode in einem der kältesten Monate des Jahres im Eishotel Jukkasjärvi in Lappland zu fotografieren. Auf geht's von Wien nach Frankfurt über Stockholm nach Kiruna, einer Siedlung, die nach dem gleichnamigen Eisenerzbergwerk benannt wurde. Dort wurde mir auch erzählt, dass die unter der Stadt liegenden Eisenerz-Vorkommen abgebaut werden können, also werde die Stadt wohl »verlegt« werden. Diese Geschichte habe ich lange nicht geglaubt. Bis dann 2016 tatsächlich die ersten Bewohner ihre Häuser verlassen und in neue eingezogen sind. Fünf Kilometer musste die Stadt Richtung Osten weichen – bis 2040 sollen die Umsiedelungen beendet sein.

Bei der Landung ist es stockdunkel und das mitten am Nachmittag. Es ist kalt, bitterkalt. Nach 14 Kilometer Autofahrt kommen wir im Eishotel an: Models, Fotograf, Werbeagentur, Firmenchef, mein Kamerateam und ich.

Vorbereitet sind wir alle auf dieses Erlebnis im Eis. Wir haben Skiunterwäsche im Gepäck, Thermohosen und -jacken, Stricksocken, Moon-Boots, Fellmützen, Fellhandschuhe und »Brennstäbe« als Handwärmer.

Das Eishotel in Jukkasjärvi ist das älteste Eishotel der Welt. Jedes Jahr wird es im Herbst aus Schnee und Eis errichtet: Aus 30.000 Tonnen Schnee und 4.000 Tonnen Eis entstehen rund 60 Räume für 140 Hotelgäste. Von der Küche bis zur Kapelle, von der Bar bis zum Whiskyglas und vom Tisch bis zum Bett. 140.000 Übernachtungen werden pro Saison gebucht, vorwiegend für frisch Verheiratete in den Flitterwochen.

Wir bekommen eine kleine Holzhütte zugewiesen, nahe dem Eishotel. Ich erblicke einen kleinen Elektroofen einer deutschen Firma – dieser Firma werde ich noch oft dafür danken, dass ihr Erzeugnis im hohen Norden so wohlige Wärme produziert.

Uns wird angeboten, dass wir die erste Nacht im Eishotel verbringen. Die Innentemperatur beträgt immerhin minus fünf Grad. Ein Eisblock als Bett, geschlafen wird in einem Schlafsack auf Rentierfellen. Warm soll es sein... Ja, lasse ich mir noch einreden, aber der eigenwillige Geruch vom

Rentierfell hält mich davon ab, das kühle Schlaferlebnis zu erproben. Und noch etwas lässt uns alle erschauern. Wenn man so richtig warm eingekuschelt den Geruch weghypnotisiert hat, endlich eingeschlafen ist und man dann mitten in der Nacht erwacht, weil sich ein menschliches Bedürfnis regt, dann schlägt die Natur grausam zu: Die Toiletten befinden sich nämlich außerhalb der Hotelanlage – die Entscheidung fällt allen leicht: Wir schlafen nicht im und auf Eis.

Als wir bei einer Tasse Tee in unserer bescheidenen Hütte sitzen, wird es draußen – mitten in der Nacht – plötzlich hell. Der Vollmond steht am klaren Himmel und lässt die Schneelandschaft glitzern. Es ist Samstag, der 2. Jänner 1999, weit über Mitternacht, und mein Kameramann dreht beeindruckende Bilder.

Am nächsten Tag sollen die Modeaufnahmen entstehen. Noch heute wundere ich mich, wie die weiblichen und männlichen Models sich bei diesen Temperaturen freundlich lächelnd in Pose werfen, um die neueste Bademode ins richtige Licht zu setzen. Auch später – als ich die Modeprospekte in den Händen halte – erkenne ich an keinem Gesichtsausdruck, wie sehr die Models dort vor Kälte »gebibbert« haben.

Am nächsten Tag treten wir alle die Heimreise an. Von der nördlichsten Stadt Schwedens, Kiruna, geht es über Stockholm, Frankfurt wieder nach Wien. Der Flughafen ist zum Bersten mit Reisenden voll. Es geht täglich nur ein Flug von Kiruna nach Stockholm, wenn kein technisches Gebrechen dazwischen kommt, so wie jetzt.

Irgendwie bekomme ich mit, dass es später eine kleinere Maschine nach Stockholm geben soll. Also umbuchen... Und aufgrund der geringeren Kapazität sich geschickt und freundlich zugleich (wenn das denn überhaupt geht) vordrängen, um einen Platz zu ergattern.

Freudestrahlend eile ich zu meinem Team, mit den neuen Flugtickets winkend - geschafft, wir können nach Hause fliegen.

Alles nichts genützt. Jetzt warten wir in Frankfurt schon die zweite Stunde aufs Gepäck. Der Anschlussflug nach Wien hat schon abgehoben. Wir verbringen die Nacht in einem Hotel nahe des Flughafens – um genau zu sein, an der Hotelbar. Wir genießen die innere Wärme... Tee mit Rum sei Dank!

LIEBEN SIE PLASTIK?

Von der eisigen Natur direkt ins schweißtreibende Plastik. Ich bin entsetzt! Die Modeschauen in New York zeigen verstärkt den Trend für den kommenden Herbst und Winter: synthetische Stoffe, die Kaschmir und Baumwolle ersetzen. Viele amerikanische Ateliers experimentieren mit dem pflegeleichten neuen Material PVC.

Spätestens seit Giorgio Armani seine schwere PVC-Jacke dem Mann auf den Leib schneiderte, muss heute vom T-Shirt bis zu den Leggings alles wasserdicht sein. »Lieben Sie Plastik?« ist für den Modebewussten keine Frage mehr. Auch wenn manche Skeptiker Sorgenfalten zeigen, weil das glänzende Etwas nicht aus »Natur«, sondern aus Polyvinylchlorid, aus PVC, ist. Jenem glasklaren, säure- und laugenbeständigen, widerstandsfähigen und färbbaren Rohstoff, der die Umweltfreaks lange Zeit aufheulen ließ. Doch seit PVC wiederverwertet wird, ist einiges anders. Das französische Unternehmen Charles Dubourg hat nun ein Verfahren entwickelt, aus der üblichen Verpackung für »stille« Mineralwässer, nämlich PVC-Flaschen, eine Faser herzustellen. Ab sofort können Hosen, Pullover und Jacken aus einem sehr angenehmen Material getragen werden. Ja, ja, »stille« (Mineral)-Wasser sind tief!

NACHSCHLAG

Um den Plastik-Glamour so richtig einordnen zu können, steht mir der damalige Geschäftsführer vom Verband Kunststofferzeugende Industrie Roger Kamps hilfreich zur Seite. Und plötzlich verliert er seinen Job. »Ein Spargelessen mit seinem neuen Präsidenten soll ihm zum Verhängnis geworden sein«, schreibt »DIE ZEIT« am 30. April 2003. Der Präsident bestellt Spargel nur mit Kartoffeln und isst alles auf. Mein »Berater« bestellt Spargel ohne Kartoffeln, dafür mit Schinken. Reine Verschwendung findet der neue Präsident: Sparen schaut anders aus.

Ein Stoffungetüm macht Furore

Mit der Verlobung von Lady Diana Spencer mit dem wohl begehrtesten Junggesellen des 20. Jahrhunderts, dem britischen Thronfolger Charles, rücken am 24. Februar 1981 zwei zusätzliche Personen ins Rampenlicht: das Designerehepaar Elizabeth und David Emanuel.

Elizabeth Emanuel: »Es war die Entscheidung von Diana, dass wir ihr Hochzeitskleid entwerfen sollen – wir waren begeistert.

Erst ein Jahr zuvor haben wir die Modeschule abgeschlossen und wir hatten bereits sehr berühmte Kunden, zum Beispiel Bianca Jagger, und die Stars kamen gerne zu uns.

Auch Mitglieder der Königsfamilie haben wir ausgestattet. Es passierte alles sehr, sehr schnell – innerhalb eines Jahres. So einen Auftrag zu bekommen, war für uns unglaublich. Wir dachten, wir seien zu jung, zu unerfahren, mit Sicherheit würde der Auftrag an jemanden vergeben werden, der schon wesentlich länger im Geschäft ist als wir.«

Der 20. Todestag von Diana im Jahr 2017 rückt näher. Ich habe dem ORF vorgeschlagen, eine Dokumentation über Diana zu gestalten. Der Vorschlag wird angenommen. Und daher fliege ich mit einem Kamerateam nach London und treffe Menschen, die mit der Prinzessin der Herzen zu tun hatten. So auch Brautkleid-Designerin Elizabeth Emanuel. Ihr Atelier ist eine kleine Souterrainwohnung, vollgepackt mit Kreationen, drapiert an Puppen oder auch übereinandergestapelt, manche etwas verstaubt, fein ordentlich gereiht, die riesigen Bücher, deren Inhalt Stoffmuster, Modellskizzen und Fotos der fertigen Entwürfe zeigen. Ein Foto zeigt eine pinke Bluse.

»Diese Bluse haben wir an das Modemagazin ›VOGUE‹ geschickt. Diana wollte wissen, wer diese Bluse entworfen hat und wurde so auf uns Designer aufmerksam. Sie rief uns an, um einen Termin mit uns zu vereinbaren. Ich erinnere mich, dass ich mir ihren Namen falsch notiert habe, weil ich ihn am

Telefon nicht gut verstehen konnte. Als sie dann bei uns auftauchte, waren wir alle sehr überrascht, denn zu diesem Zeitpunkt war sie eigentlich schon allseits bekannt – allerdings hatte ich den falschen Namen notiert. Das war das erste Mal, dass ich sie gesehen habe. Sie war einfach nur liebenswert.

Unsere pinkfarbene Bluse trug sie auf dem Verlobungsfoto.«

Und Diana vertraute sich auch für ihre erste gemeinsame Veranstaltung mit Bräutigam Charles modisch dem Designer-Ehepaar an. »Wir kleideten Diana schon vor der Hochzeit ein. Wir entwarfen ein schwarzes Kleid für sie, das sie bei ihrem ersten offiziellen Termin mit Prinz Charles getragen hat.«

Du wirst doch wohl nicht dieses Kleid tragen? Es ist schwarz. Nur Trauernde dürfen Schwarz tragen!

Prinz Charles

Einen Monat nach Bekanntgabe der Verlobung fand ein Wohltätigkeitsempfang in der Goldsmith Hall statt. Für Diana war dieses Ereignis etwas Besonderes, war es doch ihr erster Auftritt als Braut des britischen Thronfolgers. Das Abendkleid fiel mit dem tiefen Ausschnitt und der Farbe schwarz sofort auf. Elizabeth Emanuel selbst erinnert sich an die Verwandlung Dianas: »Sie kam als Kindermädchen zu uns und verließ das Atelier als Filmstar.« Die Presse bewunderte den Stil von Diana, allein Charles wollte diese Meinung nicht teilen. Jahre später erzählt Diana ihrem Biografen Andrew Morton über den ersten Streit mit Bräutigam Charles, der an diesem Abend stattgefunden hat. »Du wirst doch wohl nicht dieses Kleid tragen?«, fragte Charles. »Es ist schwarz. Nur Trauernde dürfen Schwarz tragen!« Diana setzte sich durch. Als sie aus dem Auto ausstieg, ließ sie unfreiwillig tief blicken… Der 19-jährigen Diana hat man einen solchen Auftritt nicht zugetraut. Später schützte sie sich vor neugierigen Blicken mit einer Clutch, dem Trick, den sie gemeinsam mit der Designerin Anya Hindmark erfunden hatte.

An diesem Abend wusste das Designer-Paar Emanuel bereits seit drei Wochen, dass sie Dianas Brautkleid entwerfen sollen. »Aber wir mussten schweigen«, erzählt Elizabeth Emanuel. »Als an die Öffentlichkeit drang, dass wir die Designer des Brautkleides seien, gab es so viele Spekulationen, dass der Palast gezwungen war, es zu bestätigen.

Ich erinnere mich noch an die Zeitungsmeldung. Wir waren auf dem Titelblatt und die Kosten des Brautkleides wurden erst im hinteren Teil bekanntgegeben. Das war ein aufregender Tag.«

Sie klebten die Fenster ihres Atelier zu, um zu verhindern, dass neugierige Fotografen zu viel sehen. Beharrlich wirft sie irgendwelche Stoffabfälle in den Müll, um falsche Spuren zu legen.

Die Anproben gestalten sich etwas schwierig, da Diana von einer Anprobe zur anderen viel Gewicht verliert. Der Prototyp wird aus Baumwolle gefertigt und entspricht exakt dem Original-Brautkleid.

500.000 Menschen säumen die Straßen als Prinz Charles am 29. Juli 1981 Lady Diana Spencer in der St. Paul's-Cathedral heiratet. Es ist DAS Medienereignis. 750 Millionen Fernsehzuschauer verfolgen weltweit diese Märchenhochzeit.

Von der Kindergärtnerin zur Märchenprinzessin. Am Hochzeitstag erscheint Diana vielen Betrachtern wie ein Märchengeschöpf.

Als Farbe wählten wir elfenbein, weil die meisten Kleider reinweiß waren. Wichtig war für uns, dass das Kleid schwer zu kopieren war.

Designerin
Elizabeth Emanuel

»Uns war bewusst, dass Millionen Menschen die Hochzeit sehen werden und dass die Hochzeit in die Geschichte eingeht. Das Hochzeitskleid musste etwas Besonderes sein. Es musste britisch sein. Wir haben nur Stoffe aus Großbritannien verarbeitet. Es sollte sehr traditionell und gleichzeitig modern sein. Rückblickend betrachtet war es im typischen ›80er Jahre‹-Stil gehalten. Es war übertrieben pompös.«

Das Designerpaar muss auch ein Reservekleid anfertigen, falls Details an die Öffentlichkeit gelangt wären.

»Ich habe Brautkleider früherer Adelshochzeiten studiert, besonders das von Königin Victoria.« Denn es ist Englands Queen Victoria, die in Sachen Brautmode Vorreiterin ist: Bei ihrer Hochzeit am 10. Februar 1840 mit Prinz Albert von Sachsen-Coburg und Gotha trägt sie zum ersten Mal ein weißes Kleid und löst damit einen Trend aus.

»Wir wollten etwas Besonderes, aber eben auch etwas, das an die vergangenen Adelshochzeiten erinnert. Als Farbe wählten wir elfenbein, weil die meisten Kleider reinweiß waren. Wichtig war für uns, dass das Kleid schwer zu kopieren war.«

Insgesamt 40 Meter Stoff. Die Seide wurde in England extra handgewoben und zwar nur für dieses eine Hochzeitskleid.

Das Hochzeitskleid – ein Stoffungetüm aus elfenbeinfarbenem Seidentaft und antiker Spitze, von ihrer Schneiderin Nina zusammengenäht. Insgesamt 40 Meter Stoff. Die Seide wurde in England extra handgewoben und zwar nur für dieses eine Hochzeitskleid. Von Hand bestickt und mit Spitze, Schleifen, Pailletten und 10.000 kleinen Perlen verziert (alle höchstpersönlich aufgenäht von der Mutter der Designerin Elizabeth). Der Schleier von einem Diamantendiadem aus dem Familienbesitz der Spencers gehalten.

Die 7,62 Meter lange Schleppe bricht alle Rekorde. Auf dem Weg zur Hochzeit war in der Kutsche deshalb kaum mehr Platz für ihren Vater.

Das Kleid ist heute Kult. Diana avanciert zur Stilikone. Die modische Emanzipation ist auch für Elizabeth Emanuel nachvollziehbar: »Als wir Diana zum ersten Mal sahen, war sie Lady Diana. Sie war sehr jung. Ich würde nicht sagen, dass sie sehr viel Erfahrung in Sachen Mode hatte. Mode hat sie nicht besonders interessiert. Sie erkannte allerdings, dass Mode in ihrer neuen Rolle als Prinzessin wichtig werden würde. Und wie man beobachten konnte, entwickelte sie über die Jahre hinweg ihren eigenen Stil und wurde zur Fashion-Ikone. Welche Verwandlung: Als ich sie zum ersten Mal sah, trug sie einen Rock, einen Sweater und eine Perlenkette – also sehr schlichte Kleidung.«

Das Designer-Ehepaar Emanuel steht über Nacht im modischen Rampenlicht. Doch das ist alles Geschichte. Ehe gescheitert, Firma verkauft. Geblieben sind die Erinnerungen an eine glanzvolle Zeit und an das Märchen Diana, das kein glückliches Ende fand.

Übrigens: Die Farbe schwarz kommt doch noch zu Ehren. Sie wird von Diana viel, viel später ganz bewusst eingesetzt. An dem Tag als Prinz Charles im Fernsehen seine Affäre mit Camilla Parker-Bowles zugibt, taucht Diana zu einer Veranstaltung in der »Serpentine Gallery« in einem schwarzen Kleid der Designerin Christina Stamboulian auf. Als Charles verduftet, blüht Diana auf: zeigt Busen, Po und Beine. Mit ihrem Aufsehen erregenden Auftritt signalisiert Diana ihrem Mann ohne Worte: Hier siehst du, was du verlierst!

Diana hat sehr schnell gelernt, dass sie Kleidung benutzen kann, um wichtige Botschaften nach außen zu senden

Das »Rachekleid« wird weltberühmt.

In der Ausstellung zum 20. Todestag »Diana – ihre Modegeschichte« im Kensington Palast wird das »Rachekleid« allerdings nicht gezeigt – mit Rücksicht auf Charles.

Der Kampf um a G'schicht

Ich selbst muss meine Ware feilbieten. Die Ware ist heiß: Es sind Ereignisse. Neudeutsch: Events, die es wert sind, dass darüber berichtet wird. Ich bin von Informanten abhängig, die mir besondere Geschichten zukommen lassen. Aufgebautes Vertrauen prägt das Verhältnis zu meinen Informanten. Wir begegnen uns auf Augenhöhe. Sie versprechen mir nicht das Blaue vom Himmel, sondern sagen mir ehrlich, was möglich ist oder nicht.

So reißt mich ein Telefonat am 1. Jänner 1998 um 2 Uhr früh aus dem Schlaf. Ausnahmsweise bin ich etwas vorzeitiger ins Bett gegangen, da ich bereits um 9 Uhr im Wiener Musikverein beim Neujahrskonzert zu drehen beginne. Aufgeregt erzählt mir der Anrufer (Informanten werden ja grundsätzlich nicht namentlich genannt), dass zum Neujahrskonzert die italienische Filmdiva Sophia Loren angereist ist. Sie gibt in der Pause ein Interview und das möchte sie mir geben. Gleichzeitig bittet er mich um Stillschweigen. Klar! Ich bin sofort hellwach, setze mich an den Schreibtisch, um mich auf dieses Interview vorzubereiten.

Vor dem Konzert bekomme ich einen günstigen Standort zugewiesen, wo ich das Ankommen der Diva mit der Kamera festhalten kann. In der Pause ist es so wie immer. Die Medienvertreter drängen in die Nebenräume des Konzerthauses zum Empfang. Eine beflissene Kulturchefin stellt sich in den Türrahmen und will mir den Weg versperren. Ich werde mit meinem Team umgeleitet und kann wie versprochen das Interview mit Sophia Loren führen. Zubin Mehta, den Dirigenten des Neujahrskonzertes, gibt es als Draufgabe noch dazu.

Wie oft habe ich erlebt, dass von erfolgshungrigen Möchtegern-PR-Agenten auf die Frage »Welche Gäste erwarten Sie?« mir am Telefon Namen vieler Promis aufgezählt werden. Und wenn ich dann zum Dreh komme, ist keiner der Angekündigten dort. Da heißt es dann, schnell reagieren, sich an Ort und

»Jedes Schriftl, a Giftl« wurde schon manchem zum Verhängnis. Damals wie heute.

Stelle eine neue Geschichte einfallen lassen oder aber den Dreh abbrechen und gehen. Später dann, als ich schon viele Telefonnummern der prominenten Zeitgenossen habe, mache ich einfach den Re-Check. Komme nicht, höre zum ersten Mal von dieser Veranstaltung, weiß gar nichts davon, habe nicht zugesagt, … bekomme ich dann manchmal zu hören.

Wirklich schlimm wird mein Vertrauen von einer Modelagentur missbraucht. Topmodel Claudia Schiffer steht in Monte Carlo für eine Modestrecke vor der Kamera und ich bin eingeladen, vor Ort eine Geschichte zu drehen. Auch die Zusicherung, Claudia zu interviewen, habe ich erhalten. Als ich mit dem Kamerateam am Drehort eintreffe, gibt man mir unmissverständlich zu verstehen, dass die Agentur von Claudia Schiffer nichts von unserem Kommen weiß. Wenn sie ein Kamerateam sieht, bestehe die Gefahr, dass sie die Modeaufnahmen abbricht. Daher werden wir eher unsanft in den einladenden Keller gebeten, um uns zu verstecken. Man versichert mir, dass man die Interviewgenehmigung direkt mit Claudia Schiffer klären wird. Nichts wurde geklärt. Nach zwei Stunden kriechen wir aus unserem Versteck.

Wir gönnen uns nach diesen Stunden im Kerker ein exquisites Seelentrösterchen – Kaffee und »Profiteroles à la vanille & au chocolat chaud« – im Café de Paris, setzen uns dann ins Taxi Richtung Flughafen Nizza und weg sind wir. Der Agent wagt es tatsächlich, mir später weitere Geschichten anzubieten. Dass ich mit solchen Machenschaften nichts zu tun haben will, versteht wohl jeder. Derart belogen zu werden ist kein Kavaliersdelikt. Eine Reise ins Nichts aber eine beinharte Kosten-Nutzen-Rechnung.

An einem Morgen des Jahres 1998 bekomme ich von mehreren meiner Informanten ein an sie gerichtetes Schreiben per Mail zugeschickt. Eine neue Kollegin bittet »meine« Informanten, zukünftig nicht mehr die »Bischoff« über Veranstaltungen zu informieren, sondern sie persönlich. Sie gestalte die schöneren Beiträge. Da hat sie aber die Rechnung ohne meine Informanten gemacht. Die Vorgangsweise spricht sich schnell herum, denn es sind noch

andere Kolleginnen und Kollegen betroffen. »Jedes Schriftl, a Giftl« wurde schon manchem zum Verhängnis. Damals wie heute.

Auch die unlautere Methode einer anderen Kollegin wird durch ein Schriftstück entlarvt. Wir beide werden gebeten, einen Pilot (= Probesendung) für eine neue »Fashion«-Sendung zu gestalten. Ziemlich kurzfristig müssen wir loslegen, arbeiten nächtelang durch – unser Interesse an diesem Projekt ist groß. Zeitgerecht liefern wir ab. Bereits am nächsten Tag wird mir eine Fax-Kopie meiner Kollegin an den damaligen Auftraggeber zugespielt. Der Inhalt: Sie wolle die Sendung alleine machen. Sie alleine sei prädestiniert über Mode zu berichten. Zudem erspare man sich dadurch so ganz nebenbei auch noch das Honorar für mich. Der Auftraggeber findet diese Intrige letztklassig und bläst das Projekt ab.

Meine Kollegin weiß bis heute nicht, warum die angedachte »Fashion«-Sendung bereits in den Anfängen im Keim erstickt wurde. Und ich weiß bis heute nicht, wer mir diese informative Fax-Kopie freundlicherweise zugeschickt hat. Ein Feind kann es nicht gewesen sein. Danke!

Auch Herabwürdigen und Ausgrenzen sind Versuche, um den »Gegner« auszubremsen. Am Sonntag, 13. August 2000, präsentiert Opernstar Placido Domingo seine neue CD der Oper »Merlin« im Hotel Österreichischer Hof in Salzburg. Ich habe eine fixe Interview-Zusage. Daher warte ich auch geduldig unter den zahlreich gekommenen Medienvertretern. Neben mir ein Kollege der Kulturberichterstattung. Mit einem abschätzenden Blick meint er: »Einer Gesellschaftsjournalistin wird er wohl kein Interview geben. Da haben wir von der Kultur natürlich Vorrang.« Und dann passiert es. Der Label-Boss tritt vor die Journalisten und sagt: »Placido Domingo gibt nur den Journalisten ein Interview, die sich im Vorfeld angemeldet haben. Bitte, Frau Bischoff, wenn Sie weiterkommen!«

Ich gebe zu: Ein innerliches Frohlocken kann ich mir dann doch nicht so ganz verkneifen. Ja, der Kulturredakteur hat offenbar seine Hausaufgaben nicht gemacht.

Der Grund für die Einschränkung der Interviewtermine: der Große Preis von Ungarn auf dem Hungaroring in Mogyoród. Die Live-Übertragung im Fernsehen möchte sich der Formel 1-Fan Placido auf keinen Fall entgehen lassen.

»Ich erzähle Ihnen jetzt eine Geschichte, von wegen Privatleben. Als man mich vor Monaten gefragt hat, ob die CD-Präsentation am 13. August gemacht werden soll, habe ich zugestimmt. Erst später habe ich festgestellt, dass das ein Sonntag ist. Schrecklich. Am Sonntag ist doch immer das FORMEL 1-Rennen und ich bin ein absoluter Fan. Ich hatte eine Einladung zum Grand Prix nach Budapest. Das ist zum Beispiel etwas, wo das Privatleben zurückstehen muss.« Schauen Sie sich jetzt verspätet das Rennen an? »Nein, ein Rennen nur halb zu sehen, das hasse ich. Ich habe es mir aufzeichnen lassen und dann schaue ich mir das ganze Rennen in Ruhe an.«

Ein großes Sportereignis kündigt sich an: Vom 2. bis 16. Februar 2003 steht die Alpine Ski-Weltmeisterschaft in St. Moritz auf dem Programm. Ich bin vor Ort um Beiträge vom schweizerischen High Society-Spot zu liefern. Internationale Prominenz und auch das Comeback im Super-G von unserem »Herminator« Hermann Maier sind angekündigt.

Die nötigen Akkreditierungen für mich werden zentral im Vorfeld organisiert – zumindest ist es so fixiert. Möge die Übung gelingen.

Am Ankunftstag kümmere ich mich um meine Akkreditierungen und erhalte genau eine: Ich kann die Eröffnung in der allgemeinen Zuschauerzone mitverfolgen. Also, kein Zutritt zu Sportlern oder zu internationalen Gästen. Meine Bitte um mehr Akkreditierungen zeigt keinen Erfolg. Jetzt sitze ich im noblen, neu eröffneten Hotel Kempinski mit Kamerateam, aber ohne Einlass zu den Veranstaltungen.

Wer mir solch' große Steine in den Weg legt, braucht sich nicht wundern, wenn er drüber stolpert.

Ich habe ein Ass im Ärmel. Ich rufe einen Freund aus Jugendtagen an, der inzwischen den Posten des FIS-Marketingdirektors bekleidet: Christian Knauth. Ich schildere meine Situation. Auf ihn ist Verlass: In einer Stunde halte ich alle Akkreditierungen in Händen. Als ich dann auch noch mit meinem Kamerateam bei der Privatparty vom italienischen Ski-Champion Alberto Tomba auftauche, ist die Verwunderung groß.

A blede Gschicht (wie wir »Wiener« in solchen Situationen zu sagen pflegen).

Wenn ich lächle, muss ich anschließend auf die Toilette und das Gesicht ausschütteln, damit es wieder in eine normale Form fällt.

Schauspieler
Otto Schenk

Alles in allem: Der Unterhaltungswert ist niedrig, hoch sind hier in St. Moritz nur die Preise.

Auch nicht gerade preiswert ist das Leben während der Festspielzeit in Salzburg. Doch als eingefleischte Festspiel-Society-Berichterstatterin kennt man die erschwinglichen Plätze und auch die journalistenfreudigen Gasthäuser, die einem auch noch um Mitternach,t nach getaner Arbeit, ein Süppchen und mehr kochen.

So auch als ich am 26. Juli 2003 beim Festspielempfang in der Residenz auf die noblen Gäste warte. Angekündigt ist auch der britische Thronfolger Charles. Nicht nur zu meiner Überraschung kommt er in Begleitung seiner damals noch nicht Ehefrau Camilla (geheiratet wird erst am 9. April 2005 auf Schloss Windsor). Festspielpräsidentin Helga Rabl-Stadler begrüßt das Paar offiziell. Das Bussi-Bussi-Ritual von Protokollchefin Eva O'Neill sorgt für Aufsehen. Doch Charles und Eva verbindet eine lange Freundschaft (geflüstert wird über ein »Gspusi« in jungen Jahren). Eva O'Neill ist es auch geschuldet, dass Charles als Ehrengast zum »Amadeus«-Weekend nach Salzburg gekommen ist, zu dem sie alljährlich Opernfreunde einlädt. (Übrigens: Eva O'Neill ist die Mutter von Chris, dem Ehemann der jüngeren schwedischen Königstochter Madeleine.)

Während der Festspiele machen viele Wiener Kollegen Dienst in Salzburg. Nach dem Empfang treffen wir einander noch auf ein gutes Süppchen, bevor es Zeit wird, schlafen zu gehen.

Auch ich bin mit meinem Kamerateam im Hotel angekommen, wir vereinbaren noch die Zeit für den morgigen Dienstbeginn, ich verabschiede mich und fahre mit dem Lift in den zweiten Stock, sperre die Zimmertüre auf und dann schaffe ich es gerade noch bis ins Bad, bis ich mich dort auf dem Boden kauernd wieder finde. Mir ist so schlecht, so furchtbar übel, mich frierts, mich schüttelts – restliche Details erspare ich allen, die hier lesen (während ich diese Zeilen schreibe, ist es so, als ob ich diesen Zustand nochmals durchlebe). Mir ist es nicht möglich, aufzustehen und Hilfe zu holen.

Plötzlich steht der Hotelportier neben mir. Nachdem ich auf seinen Anruf und auf sein Klopfen an die Tür nicht reagiert habe, hat er aufgesperrt. Er möchte nachsehen, wie es mir geht. Vor allem nachdem mehrere meiner Kollegen ihn wegen schrecklicher Übelkeit um Hilfe gerufen haben. Zehn

Minuten später ist ein Arzt bei mir, diagnostiziert aufgrund der typischen Symptome eine Magen-Darm-Infektion und versorgt mich mit einer Infusion. Ich bin völlig erschöpft. Am nächsten Vormittag kann ich mit gesunden Kollegen nach Wien heimfahren. Organisiere noch, wer das Drehmaterial von Charles & Co übernimmt, um die Geschichte zu gestalten. Mein Pflichtbewusstsein kann sich sehen lassen. Übrigens auch die Arztrechnung für den »Hausbesuch« im Hotel – doch die schmerzt weniger, als die damalige Qual, die ich zu erleiden hatte.

SIE WAR DAS SEX-SYMBOL DER 60-ER JAHRE: BRIGITTE BARDOT

1995 erfahre ich, dass BB an ihrer Biographie schreibt. 13 Jahre lang hat sie kein Interview gegeben. Das interessiert mich.

»Ich habe eigentlich nie so richtig verstanden, warum man mich zum Sexsymbol gemacht hat. Sei's drum, es war für die Publicity ganz gut. Doch wenn Sie meine Memoiren gelesen haben, dann werden Sie erkannt haben, dass ich eigentlich nie ein Sexsymbol sein wollte, sondern mehr nach Zärtlichkeit und echten Gefühlen gesucht habe.« entrüstet sich Schauspielerin Brigitte Bardot.

Ich habe eigentlich nie so richtig verstanden, warum man mich zum Sexsymbol gemacht hat. Sei's drum, es war für die Publicity ganz gut.

Schauspielerin
Brigitte Bardot

Ich schreibe an den französischen Verlag, keine Antwort.
Ich schreibe an das Management, keine Antwort.
Ich schreibe an ihre Privatadresse, keine Antwort.
Ich schreibe an den deutschen Verlag…
Ich schreibe an den deutschen Verlag…
Ich schreibe an den deutschen Verlag…
Ich schreibe an den deutschen Verlag…

Ich schreibe an den deutschen Verlag und bekomme ein Interview mit Brigitte Bardot. Schon am nächsten Tag, um 14 Uhr, in Paris. Allerdings muss ich einen Vertrag unterschreiben, dass ich dieses Interview in ganz Europa verkaufen muss. Ich unterschreibe, ohne überhaupt einen Kontakt außerhalb Österreichs zu kennen.

Jetzt heißt es volle Konzentration: Zuerst organisiere ich meinen Kameramann. Der Beste muss es sein. Nichts darf schief gehen. Tone Mathis, ein Vorarlberger, der in Tirol eine Filmfirma betreibt, ist berühmt für die schönsten Bildaufnahmen. Tone hat Zeit. Ich buche für ihn und seinen Kameraassistenten Heini (seinen Bruder) je einen Flug am frühen Morgen von Innsbruck nach Paris und am späten Abend retour. Ich finde für mich einen Flug, der ungefähr zur selben Zeit von Wien aus kommend in Paris-Orly landet. Als Treffpunkt fixieren wir ein ganz bestimmtes Café am Flughafen – man muss ja immer mit Flugverspätungen rechnen.

Dann kommt der schwierige Teil des Unterfangens: die Recherche der Adressen der europäischen TV-Anstalten. Damals gab es noch kein Google, das auf Knopfdruck das Gewünschte ausspuckt. Ich rufe meinen Freund P. an, und erzähle ihm, dass ich jetzt wohl stundenlang an der Strippe hocke und bei der Telefon-Auskunft die Nummern der Sendestationen erfrage. Wird mühsam. Doch es wäre nicht mein Freund P., wenn er nicht eine Lösung parat hätte: Besitzt er doch tatsächlich ein Buch mit den Adressen aller europäischen Fernsehanstalten.

Und eine neue Geschäftsidee mit meiner eigenen Filmproduktionsfirma ist geboren. Der Star muss nur ein Interview geben und ich sorge für die Verteilung. So hat jeder seinen Vorteil. Und ich komme zu zahlreichen Exklusivinterviews auf der ganzen Welt. Ziemlich schnell arbeite ich nicht nur für TV-Stationen, sondern für Radiosender und die Printmedien. Das heißt, dass ich nach einem Interview – also meistens nachts – sofort Artikel schreibe (je nach Vorgabe in der gewünschten Zeilenanzahl), Themenblöcke für Sender erstelle und sie per Mail zum Kauf anbiete. Meistens liegen am Morgen die Bestellungen bereit. Jeder Wunsch wird erfüllt: Die einen wollen das ganze Material, die anderen wollen Exklusivität, wiederum andere wollen einen gestalteten Beitrag. Die Produktion läuft.

Mein Engagement für Tiere und meine Tierliebe sind keine Konsequenzen oder Folge der Enttäuschungen, die ich mit Menschen erlebt habe.

Schauspielerin
Brigitte Bardot

Sacher-Torte als Stimmungsmacher

Schon der Filmtitel ist eine Herausforderung: »Das merkwürdige Verhalten geschlechtsreifer Großstädter zur Paarungszeit«. Hoffentlich stottere ich nicht, wenn ich Schauspieler Christoph Waltz am 15. Juni 1998 interviewe. Alles ist gut gegangen. Er ist ja ein Süßer und da habe ich ja mit meinem Einstandsgeschenk genau seinen Geschmack getroffen: mit der Sacher-Torte.

Lisbeth, ich freue mich, dich zu sehen. Aber wenn ich ehrlich bin, auch auf die Torte!

Schauspieler
Christoph Waltz

Ich weiß nicht mehr, wann mir die Idee zum ersten Mal gekommen ist. Doch ich habe mir schon länger Gedanken gemacht, wie ich am besten Eindruck hinterlassen kann, wenn sich bei jedem Interviewtermin die Journalistenkolleginnen und -kollegen gleich massenhaft vor und hinter mir einreihen? Ein Gastgeschenk wäre eine Möglichkeit, ein Produkt, das typisch für unser Österreich ist. Nachdem ich keinen Lipizzaner zu verschenken habe, Mozartkugeln mich als zu geizig outen könnten, bin ich auf die Sacher-Torte gekommen. Die gibt es in drei Größen: small, medium und large. Je nach Schwierigkeitsgrad meines Interviewpartners. Verlangen Sie jetzt bitte keine Auflistung von mir, wem ich welche Größe überreicht habe. Nur so viel sei gesagt: Die Größe »small« war es nie.

Doch der Wiedererkennungswert hat funktioniert. Hieß es am Anfang noch »Jetzt kommt die Österreicherin mit der Sacher-Torte«, wurde sehr bald daraus »Lisbeth, ich freue mich, dich zu sehen. Aber wenn ich ehrlich bin, auch auf die Torte!« So, so… Alle haben sie genommen, nie hat jemand mein süßes Geschenk verwehrt und das Schönste: Man kennt sie auf der ganzen Welt.

Es ist einer jener seltenen Sommertage im August des Jahres 1997, als ich Hollywoodsuperstar Sandra Bullock in Köln zu einem ihrer raren Interviewtermine treffe. Vor dem Hyatt Regency-Hotel hat sich bereits eine riesige Menschenansammlung gebildet, um von der 32-Jährigen ein Autogramm zu erbitten. Nach Köln kam sie, um ihren neuesten Film »In Love And War« zu präsentieren und auch um ein bisschen Heimweh abzustreifen. Immerhin hat die Tochter eines Gesanglehrers aus Alabama und einer deutschen Opernsängerin ihre Kindheit in Nürnberg und auch in Salzburg verbracht. Sandra Bullock: »Ich verbrachte zirka eineinhalb Jahre in Salzburg, und es war der schönste Ort, den ich bisher kennengelernt und bereist habe. Das bringt normalerweise nur ein Film zustande: da der Fluss, die Festung ›Hohen Salzburg‹ und die Geschichte ... Ich habe wirklich schöne Erinnerungen daran. Ich war zehn Jahre alt, als ich dort gelebt habe. Es war so frei. Dort können Kinder noch herumlaufen und einfach Kinder sein. Ein Ort wie dieser ist sehr selten geworden. Es war ein wirklich spezieller Platz für mich. Meine Mutter sang als Opernsängerin im ›Zigeunerbaron‹«. Und Sandra hatte in Salzburg ihre erste Statistenrolle im »Zigeunerbaron«. »Ja, das war meine erste Gage«, strahlt sie. »Danke, Lisbeth, für die Sacher-Torte. Sie ist so etwas wie ein Stück Heimat.«

Danke, Lisbeth, für die Sacher-Torte. Sie ist so etwas wie ein Stück Heimat.

Schauspielerin
Sandra Bullock

Entgegen aller Presseberichte spricht Sandra Bullock »nur noch ein bisschen« Deutsch. »Zudem kann ich mich nicht so gut ausdrücken, daher lass uns Englisch sprechen, Lisbeth!«

Nach ihrem Studium ging Sandra Bullock als Bühnendarstellerin nach New York, wechselte aber nach Los Angeles, um die angestrebte Karriere als Filmschauspielerin voranzubringen. Jahrelang agierte sie in mittelmäßigen Filmen, keiner erkannte ihre Qualitäten. Nach sechs Filmen avancierte sie zum bestverdienenden Superstar in Hollywood. Kolportierte Gage für ihren letzten Film »In Love And War«: 140 Millionen Schilling (= 12.355 Euro). »Das hängt davon ab, welche Zeitung du liest. Die schreiben meist viel mehr ...«, lacht Sandra. »Ich bin glücklich mit dem Geld, das ich verdiene, weil ich das tun kann, was ich will. Ich kann mit meiner eigenen Filmproduktionsfirma kleine Projekte realisieren, und ich bekomme Regisseure und Studios. Das ist positiv, und ich kann meine Rechnungen bezahlen.«

Sandra Bullock fällt es schwer, das fertige Produkt auf der Leinwand zu sehen: »Ich kann mich selbst nicht anschauen. Erst eineinhalb Jahre später schaue ich den Film an und sehe, was wir gemacht haben. Das Resultat ist manchmal frustrierend, manchmal enttäuschend, manchmal ist es unbeschreiblich überraschend, manchmal hasse ich es, weil es nicht so schön ausgefallen ist. Ich bin sehr kritisch, was das Ergebnis betrifft.«

Der Preis ihres Erfolges ist hoch. Ständig im Mittelpunkt zu stehen, ist nicht Sandra Bullocks Sache. »Ich habe immer sehr privat gelebt, aber jetzt schütze ich meine Privatsphäre noch mehr. Ich werde angebetet, als ob ich etwas Besseres wäre. Jeder beobachtet mich. Dadurch habe ich Verantwortung. Man kann seine Meinungen nicht so einfach wechseln. Ich kann den Menschen helfen, und das ist eine große Verantwortung, auch gegenüber den Kids. Sie sind die größte Herausforderung für mich.« Lächelt und sagt auf Deutsch: »Dankeschööööön!«

Völlig ausgeflippt ist Schauspieler David Duchovny, der mit »Akte X« großen Erfolg feiert, als ich 1998 in London mit meiner Torte bei ihm vorstellig werde. »Ich war noch nie in Österreich. Es ist wirklich schade, ich war an so vielen Orten dieser Welt noch nicht. Aber mein Stiefgroßvater kommt aus Wien. Niemand weiß das. Ich habe bis jetzt noch nie darüber gesprochen.« Dass die traditionelle Mehlspeise auch die Zunge lockert, ist mir neu.

Plötzlich in Redefluss gerät auch der US-amerikanische Komiker und Schauspieler Bill Cosby, den ich 1993 in Wien kennenlerne. Das ist etwas zu viel gesagt, ihn zum Interview treffe.

Als seine Frau Camille eintrifft, wechselt er von der 105 Quadratmeter Designersuite »Eero Saarinen« (damals 9.800 Österreichische Schilling pro Nacht (= 712 Euro)) in die 240 Quadratmeter große Royal Suite, die zuletzt Jerry Lewis bewohnte. Bill Cosby logiert während der dreiwöchigen Dreharbeiten des 92 Minuten langen Pilotfilms »The Return Of I Spy«, ein Remake der Fernseh-Erfolgsserie »I Spy«, im Wiener Hotel Hilton Plaza. Keine leichte Aufgabe für das Hotelpersonal, nimmt der berühmte Gast die Begrüßungsfloskel »Fühlen Sie sich hier wie Zuhause!« doch sehr wörtlich. So steht der

Juli
BILL
COSBY
SPRUCHMACHER
„Festspiele ohne Publikum, aber mit Künstlern, wären nichts. Festspiele mit Publikum und ohne Künstler gehen auch nicht.“
Erhard Busek, salomonisch in „Seitenblicke“
30.7.93
„Ich habe eine Trainingshose unter der Hose an.“
23.7.93
sche Johanniterkutte, die vor rund 700 Jahren in diesem „Clösterlin“ getragen wurde. Auch beim anschließenden „Ribl - Essen“ kam das Seitenblicketeam in den Genuß original Vorarlberger Kost. Im Bild das Seitenblicketeam mit Toningenieur, Kameramann, Moderatorin Elisabeth Bischof und Bürgermeister Erich Brunner aus Klösterle.
„Seitenblicke“ ...

Frühaufsteher Cosby einmal um fünf Uhr im hoteleigenen Café und wärmt an der Espressomaschine seine Milch für die allmorgendliche Wiener Melange. Dem zu Hilfe eilenden Nightmanager murmelt er nur »I help myself« entgegen. Doch es sollte noch bizarrer werden.

Einmal, zu nachtschlafener Zeit, erwacht der Spieltrieb in Bill Cosby. Er will sofort Fangen spielen. Der Wunsch ist geäußert, und schon bastelt der Nachtrezeptionist aus der Tageszeitung einen Hut für Toyboy Cosby, der sich inzwischen die Hoteluniform des Doorman angezogen hat. Derart ausgestattet sieht man die Nachtcrew mit Bill durch die Lobby joggen.

Warum ich das weiß, werden Sie sich fragen? Das kann ich leider nicht verraten. Aber gute Informanten sind in meinem Beruf wohl das Wichtigste.

Hoteldirektor Rupert E. Huber zeigt Verständnis für muntere Vögel und lässt zu Bill Cosbys 56. Geburtstag am 12. Juli die Schrammelmusik »Benseler Buam« auffahren. Die Überreichung der Geschenke – typisch österreichische Lederhosen mit passendem Hemd – findet ungewollt im kleinen Kreis statt. Schuld ist das Geburtstagskind selbst, das die Feier zu einer unüblichen Zeit, nämlich um acht Uhr früh ansetzt. Die Torte in Form einer Zigarrenschachtel mit einer großen Schokoladenzigarre bleibt ihm. Bill Cosby zeigt sich nie ohne: Die Zigarre »Diplomaticos Habana« ist sein Markenzeichen. Unvergesslich der Schock, als er feststellen muss, dass es seine Zigarren in Wien gar nicht zu kaufen gibt. Und so lässt er denn auch eine größere Ladung der Lieblings-Tabaksorte direkt von Genf nach Wien einfliegen. Für einen Multimilliardär wohl kein Problem. Oder doch? »Was soll diese Frage?«, zeigt sich Bill Cosby erregt, »Viel Geld zu haben ist doch wirklich relativ. Haben Sie eine Vorstellung wieviel Steuern ich in Amerika bezahlen muss?« Eine Menge! Schenkt man dem US-Finanzmagazin „FORBES« Glauben, ist Bill Cosby mit einem Privatvermögen von 430 Millionen DM (= 220 Millionen Euro) der reichste Entertainer der Welt, habe ich damals recherchiert. Allein 1992 soll er 140 Millionen DM (= 71,5 Millionen Euro) verdient haben.

Viel Geld zu haben ist doch wirklich relativ. Haben Sie eine Vorstellung wieviel Steuern ich in Amerika bezahlen muss?

Schauspieler
Bill Cosby

Und ein Mann mit so viel finanzieller Kraft hat Macht (und Ausstrahlung zugleich). An seinem vorletzten Tag in Wien kann es noch einmal hautnah miterlebt werden. Die Szene ist gestellt und wie in einem schlechten Roman. Bill Cosby zeigt sich kinderlieb und gibt eine Stunde lang Autogramme an ein kleines Grüppchen angeblicher Fans, die »zwangsbeglückt« werden. Die Freude wird noch gesteigert, als die geduldig wartenden Kinder vom Entertainer höchstpersönlich über ihre Rechten und Pflichten aufgeklärt werden: „Ich gebe jedem ein Autogramm, ich betone: ein Autogramm, ohne persönliche Widmung, dafür mit einem Händedruck.« Im Hintergrund ertönt aus Kindermund: »Papa, der ist ja echt!« Bill Cosby sagt auf Deutsch »Danke« und »Gesundheit« und lässt jedes Kind einzeln vortreten. Sechzig Mal unterschreibt er und gibt Händchen. Doch als die Fans sich als hübsche junge Mädchen entpuppen, wird Bill Cosby gesprächiger: »Ich wundere mich, die Kinder werden immer älter und schöner! Mit welchem Filzstift soll ich denn unterschreiben, dem roten, dem grünen oder dem schwarzen?« Eine junge Dame, kürzlich erst den Kinderschuhen entwachsen, nervt er: »Wo ist dein Mann? Ist er hier?« Genau nach einer Stunde blickt Bill Cosby auf die Uhr. Die Autogrammstunde ist um und er daher des Schreibens müde.

Er will so schnell als möglich gehen, Koffer packen. Und dann plötzlich – ohne Vorwarnung – beginnt der wortkarge Cosby zu reden: »Die Filmarbeit in Wien war sehr anstrengend, daher brauche ich jetzt Entspannung. Mit dem Privatjet fliege ich von Wien direkt in den Urlaub. Nein, nein, ich nehme das Steuer nicht selbst in die Hand, davor habe ich zu sehr Angst. Die nächsten zwei Wochen ziehe ich mich in mein Haus an der Côte d'Azur zurück. Wohin sage ich nicht, denn ich will keine Menschen um mich haben! Nur meine Frau begleitet mich. Auch keines meiner fünf Kinder darf mit. Die sollen zuerst lernen und arbeiten, bevor sie sich dem süßen Nichtstun hingeben.« Und die inzwischen teilweise schon erwachsenen Kinder Erika Rabee, Erinne Charlene, Ennis William, Ensa Camille und Evin Harrah folgen ihrem Daddy aufs Wort: »Ich sage, was sie zu tun haben. Ist doch klar! Ich habe mit meinen 56 Jahren mehr Erfahrung als sie mit 20. Ich bin ein sehr strenger Vater. Ich halte nichts von antiautoritärer Erziehung. Zudem müssen sie mir folgen, denn ich habe das Geld.«

Also ist Geld für Bill Cosby doch das Wichtigste? »Das Wichtigste ist die Liebe«, entgegnet Bill, »doch ohne Geld können Sie auch nichts machen.«

Eine Erfahrung, die Bill Cosby prägte. Er, der schwarze Bub aus Philadelphia, wuchs ohne Vater im Armenviertel auf. Seine Mutter hatte kein Geld, um ihn auf eine gute Schule zu schicken. Mit viel Fleiß und Mühe schaffte er es doch, das Gymnasium zu besuchen, studierte später an der Temple University und promovierte 1977 an der University of Massachusetts zum Doktor der Pädagogik. Seine Laufbahn als Schauspieler startet Cosby bereits in den 60er Jahren. Seine liebste Rolle spielt er allerdings im Privatleben: überzeugter Familienmensch. Seit 29 Jahren ist er mit ein und derselben Frau verheiratet – eine wahre Seltenheit im Showbusiness.

Gegen eine Schauspielerkarriere seiner Kinder hätte der gestrenge Vater nichts einzuwenden: »Die Konkurrenz ist in jedem Beruf beinhart. Auch ein Taxifahrer hat sich dem Wettbewerb auszusetzen. Wenn er am Tag wenig Geld gemacht hat, wird er am Abend traurig sein.«

Viele Jahre später macht Bill Cosby Schlagzeilen. Welche Zeitung, welches Magazin ich auch aufschlage, lese ich von seinen angeblichen sexuellen Übergriffen. Traurig und erschüttert zugleich ist auch seine Fangemeinde: Über 60 Frauen werfen Cosby sexuelle Übergriffe unterschiedlicher Art vor. Vom Superstar wird er zum ersten berühmten Verurteilten in der »Me Too«-Ära. Bill Cosby hat die Anschuldigungen stets zurückgewiesen. 2018 wird er zu einer mehrjährigen Haftstrafe verurteilt, die er im gleichen Jahr antritt. Bill Cosby wird am 30. Juni 2021 aus der Haft entlassen. Das höchste Gericht im US-Bundesstaat Pennsylvania hat die Verurteilung wegen sexueller Nötigung gekippt. Im August wird bekanntgegeben, dass ein weiteres Verfahren drohe... Ich klinke mich jetzt aus, es ist zu unappetitlich.

Als ich den Film »Das fünfte Element« beim Filmfest in München am 3. Juli 1997 sehe, bin ich Feuer und Flamme. Derart begeistert stehe ich auch dem Filmregisseur dieses Meisterwerks, Luc Besson, gegenüber. »Normalerweise stehe ich hinter der Kamera. Ich bin nicht gerne im Rampenlicht. Aber zur selben Zeit interessieren sich die Menschen für meine Arbeit, wollen mich sehen und über mich sprechen, das schmeichelt. Ja, ich rede gerne mit Menschen, die begeistert sind. Das ist sehr erfreulich.«

Doch Luc Besson hat für seinen neuesten Film auch das Drehbuch geschrieben. »Lieber bin ich Drehbuchautor, weil mich da niemand stören kann, wenn ich schreibe. Ich bin allein mit mir und meinem Walkman am Morgen –

normalerweise beginne ich um fünf, sechs Uhr in der Früh zu schreiben. Ich mag diese Momente: Es ist noch nicht hell, es ist sehr ruhig, sehr geheimnisvoll, dann höre ich Musik und schreibe. Ich genieße diese Momente sehr. Der Albtraum startet, wenn man sagt: ›Nun möchte ich meinen Text verfilmen!‹« Da lacht Luc schallend!

An dem Tag, an dem ich spüre, dass ich nicht mehr besser werden kann, höre ich auf.

Regisseur
Luc Besson

»Der aktuelle Film ist für einige Monate immer mein Lieblingsfilm, weil er ein neugeborenes Baby ist, dem ich alle Aufmerksamkeit geben muss. Es braucht dich, es ist zu jung und zu neu. Aber nach einer Weile mag man alle Babys auf die gleiche Art. Sie sind alle meine Babys. Es ist logisch. Ich habe sieben Filme gedreht. Meine Arbeit als Regisseur wird immer ein bisschen besser. Daher bin ich auf diesen Film besonders stolz, weil ich glaube, dass ich gute Arbeit geleistet habe. An dem Tag, an dem ich spüre, dass ich nicht mehr besser werden kann, höre ich auf.«

Positiv betroffen ist Luc von der Geschichte und der Rolle des Mädchens »Leeloo«, gespielt von Milla Jovovich. Je talentierter die Leute sind, desto einfacher ist es, mit ihnen zu arbeiten. Wenn sie talentiert sind, habe ich nichts zu überprüfen oder zu kontrollieren. Der Deal war: Willst du dein Talent in den Film einbringen. Innerlich schmunzle ich bereits: Milla Jovovich ist die neue Frau an der Seite von Luc Besson. Es ging Schlag auf Schlag: Verliebt, geheiratet und gleich erfolgreich zwei Filme zusammen gedreht. Dann, nach zwei Jahren, die Scheidung.

»Für einen Regisseur gibt es nichts Attraktiveres, als einen sensiblen Helden«, ist Luc Besson überzeugt. »Harrison Ford ist so ein sensibler Held, er hat das gewisse Etwas. Er kann Schwäche zeigen und zur selben Zeit ein starker Mann sein. Er ist wirklich professionell und weiß eine Menge und ist immer bereit im letzten Moment völlig natürlich, total neu und total frisch zu sein. Er kommt zum Set und er kapiert die Atmosphäre, die Energie – jeden Tag aufs neue.« Harrison Ford hinterlässt offenbar Eindruck: Auch im

Juni 1998 bei mir. Seine Stimme ist der absolute Wahnsinn, so tief sitzend, so klar und überzeugend. Seine handwerklichen Fähigkeiten verbreiteten sich per Mundpropaganda in Hollywood. Einer seiner Klienten, Besetzungschef Fred Roos, besorgte ihm eine Rolle im Film »American Graffiti«. 1977 wurde seine Zukunft als Schauspieler besiegelt: »Krieg der Sterne« war DER Kinohit und er Stammgast bei Filmfestspielen wie in Cannes. »Ich halte mich nicht für einen Star, sondern für einen arbeitenden Schauspieler.« Filme wie »Star Wars« und »Indiana-Jones« waren Kinohits – er machte Karriere.

»Ja, es stimmt, ich bin sehr erfolgreich. Und wenn es dafür einen anderen Grund als Glück gibt, dann denke ich, dass ich mich für Filme entscheide, die das Publikum ansprechen. Ich drehe keine Filme, um meine eigenen Interessen zu befriedigen, sondern ich entscheide mich für Filme, die unterhalten sollen.« Der damals 58-jährige Harrison hat keine Angst vor waghalsigen Szenen und macht die meisten seiner Stunts selber. Er wagt den Sprung – auch ins kalte Wasser. »Ich brauche kein Extralob, denn ich fürchte mich nicht vor Wasser. Ich gebe allerdings zu, dass ich Höhenangst habe und die kostet mich eiserne Überwindung.«

Ich drehe keine Filme, um meine eigenen Interessen zu befriedigen, sondern ich entscheide mich für Filme, die unterhalten sollen.

Schauspieler
Harrison Ford

Angst vor dem Fliegen hingegen kennt er nicht. Denn Harrison Ford ist Pilot und machte kürzlich Schlagzeilen, als er erfolgreich Flugretter bei der Bergwacht in seinem Heimatstaat Wyoming spielte. Harrison Ford: ein Held nicht nur auf der Leinwand, sondern auch im richtigen Leben. »Fliegen ist kein Nervenkitzel, darauf stehe ich nicht. Es ist kein riskanter Sport. Ich genieße die involvierte Verantwortung und die Freiheit.«

»Für jeden, der die Möglichkeit hat, zu helfen, ist es eine Verpflichtung. Jeder muss die Welt, die ihn sozusagen umgibt, schützen. Das müsste eigentlich im ureigenen Interesse sein. Ich bin in der Situation, dass ich mich für die Umwelt einsetzen kann. Für all' die Probleme, die damit im Zusammenhang stehen. Und wenn wir diese Probleme in den Griff bekommen, dann ist das Leben auf unserem Planeten einfacher.«

Der Helfer in der Not kassiert 25 Millionen Euro pro Film. Die schauspielerische Leistung des vierfachen Familienvaters wurde durch die bisher einzige Oscar-Nominierung für den besten männlichen Schauspieler im Film »Der einzige Zeuge« honoriert.

Seine zweite Ehefrau, »E.T.«-Drehbuchautorin Melissa Mathison, stärkt sein Selbstvertrauen seit 1983, denn Ford war seit High-School-Zeiten ein ruhiger, schüchterner Junge, ein Einzelgänger. »Ich stehe nicht gerne im Mittelpunkt, aber ich sehe es als Möglichkeit, für meine Filme die Werbetrommel zu rühren und – hoffentlich – das Interesse der Menschen für meine Arbeit zu wecken. Ich nütze jede Gelegenheit, um kostenlos Werbung zu machen.«

Nur zuhause ist der 55-Jährige gerne mit sich und seiner liebsten Freizeitbeschäftigung allein: dem Tischlern. »Ich habe acht, zehn Jahre lang als Tischler gearbeitet. Ich habe den Beruf gelernt. Als meine Karriere am Anfang war, habe ich mir mit diesem Beruf meinen Lebensunterhalt verdient.«

Seit sicherlich 20 Minuten sitze ich ihm gegenüber. Ich weiß von seiner Narbe am Kinn und trotzdem starre ich auf diese Narbe am Kinn. Während des ganzen Interviews überlege ich, ob die Frage, woher seine Narbe stammt, wohl zu persönlich ist. Doch neben seiner hervorragenden schauspielerischen Leistung ist die Narbe am Kinn längst auch zu seinem Markenzeichen geworden. Und ich entschließe mich, die Frage zu stellen: »Es ist eine alte Narbe, die von einem Autounfall herrührt, als ich 22 Jahre alt war. Ich fuhr einen alten Volvo, der als einer der ersten Sitzgurte noch zum Einhängen hatte. Ich fuhr eine kurvige Straße entlang und bemerkte, dass ich nicht angegurtet war. Ich griff zum Gurt, kam von der Straße ab, kippte auf zwei Räder und fuhr in eine Telefonzelle. Diese Narbe ist mir geblieben.«

Seine Schramme hinderte ihn nicht, einer der größten Schauspieler unseres Jahrhunderts zu werden. »Ich wollte immer meinen Lebensunterhalt als Schauspieler verdienen. Ich hielt mich mit mehreren Jobs über Wasser – schon lange bevor ich als Tischler tätig war. Ich war besessen von der Idee, von der Schauspielerei leben zu können. Ich wollte das Leben leben – als Schauspieler!«

Und noch ein überzeugter Schauspieler. Für »Forrest Gump« und »Philadelphia« kassierte er zwei Oscars. 1996 erfüllte sich der Dollarmillionär Tom Hanks einen Jugendtraum und drehte einen Film über die Beat-Musik der 60er Jahre mit dem Titel »That Thing You Do«. Am 14. Jänner 1997 bin ich in einem Hotel in Paris mit ihm verabredet. Es ist wie immer: 5 Uhr früh aufstehen, 6 Uhr geht's mit dem Taxi zum Flughafen, gegen 7 Uhr startet der Flieger. Es wird wieder schnell gehen. Vom Flughafen Paris-Orly direkt mit dem Taxi zum Interviewtermin. Besprechung mit dem Kamerateam, das ich vor Ort treffe (es ist einfach kostengünstiger, ein Team vor Ort anzumieten. Inzwischen habe ich in jeder größeren Stadt Europas ein »eigenes« Kamerateam, das ich schätze und dem ich vertraue). Eine Stunde Zeit für das Interview, ein gemeinsamer Kaffee und das Versprechen, sich beim nächsten Filmprojekt wieder zu treffen. Hinein ins Taxi und ab zum Flughafen. In Paris sitze ich des Öfteren auf Nadeln – in der Rush Hour habe ich auch schon vier Stunden zum Flughafen gebraucht. Aber bitte, ich habe nie ein Flugzeug verpasst: Irgendwie geht sich dann doch alles immer aus.

Tom Hanks liefert also mit seinem Film »That Thing You Do« sein Debüt als Regisseur und Drehbuchautor ab. »Ich kann nicht sagen, welche Aufgabe ich bevorzuge. Filmemachen ist der beste Job der Welt«, schwärmt der 41-Jährige. »Es ist ganz egal, ob ich Darsteller, Drehbuchautor oder Regisseur bin. Dabeisein ist alles.«

Ich kann nicht sagen, welche Aufgabe ich bevorzuge. Filmemachen ist der beste Job der Welt.

Schauspieler und Regisseur
Tom Hanks

Sein Mut zum Risiko hat sich für ihn schon millionenfach ausgezahlt. So verzichtete er zum Beispiel auf eine feste Gage für die Hauptrolle in »Forrest Gump« – immerhin 3.6 Millionen Euro – und zog stattdessen eine Gewinnbeteiligung vor. Dies brachte dem gefeierten Star, der als »Forrest Gump« weltweit für volle Kinos sorgte und der 1995 zum zweiten Mal in Folge den Oscar als bester Schauspieler in »Forrest Gump« erhielt (das war übrigens seit knapp 60 Jahren nicht mehr der Fall), 18 Millionen Euro.

»Ich kenne das Geheimnis meines Erfolgs nicht. Ich halte alle zum Narren, spiele allen etwas vor. Dabei zweifle ich ständig an mir, ob ich es schaffe oder nicht. Dabei muss es nur einer einzigen Person gefallen, und das ist der Produzent. Sobald ich den Regisseur frage, ›War ich gut? Wie war ich?‹, und NICHT sage, ›DAS war es!‹, dann ist es das Rezept für einen Misserfolg.

Aber keiner weiß dafür eine Antwort, keiner weiß wirklich, was man tun muss, um Erfolg zu haben.«

Zum ersten Mal spielte seine Frau Rita Wilson eine kleine Rolle in seinem Regie-Erstlingswerk. »Es war super«, scherzte er vor Journalisten. »Endlich war ich der Boss. Obwohl ich sie immer, wenn ich ihr Anweisungen gab, mit ›Sweetie‹ angesprochen habe.« Eine Äußerung mit Seltenheitswert, denn Tom Hanks spricht nur ungern über seine Hauptrolle als Ehemann und Vater. »Wenn wir nicht über einen Film reden würden, ich wäre nicht hier, dafür gäbe es keinen Grund. Wir tun genau das, was ich immer in der Oberstufe und im College gemacht habe: Herumsitzen und über Filme reden. Dass wir jetzt gerade über den Film reden, den ich gemacht habe, ist eine andere Sache. Solange ich über meinen Beruf reden kann, ist es ist nicht schwer. Wenn ich über mich selbst reden muss, weiß ich nicht, was ich sagen soll.«

Zum Beispiel, dass Tom Hanks während der Dreharbeiten im Dezember 1995 zum vierten Mal Vater wurde! Aus der ersten Ehe mit Samantha Lewes hat Tom Hanks Sohn Colin und Tochter Elizabeth, die jetzt bei ihm wohnt, jetzt, nachdem es zu Unstimmigkeiten mit ihrer Mutter gekommen ist. Auch Colin ist ausgezogen und lebt jetzt bei einer befreundeten Familie in Sacramento. Mit seiner zweiten Frau Rita hat er die Söhne Chester und Truman Theodore. »Erst das Herumtoben der Kinder«, sagt der fanatische Familienmensch, „macht ein Zuhause zu einem wirklichen Zuhause.« Und nachdem Tom selbst eine unglückliche Kindheit hatte, und sich der Karriere wegen nicht allzu viel Zeit für seine beiden älteren Kinder nahm, will er denselben Fehler nicht nochmals machen. »Ich möchte alle zwei Jahre einen Film machen, damit ich so viel Zeit wie möglich mit meiner Familie verbringen kann.«

Glauben Sie, dass jeder Mensch seines Glückes Schmied ist? »Ich glaube, dass die Leute für ihr Unglück selbst verantwortlich sein können, und dass sie Möglichkeiten finden können, dem Unglück auszuweichen. Ich glaube nicht, dass man von Geburt an das Unglück gepachtet hat. Es ist wichtig seinen eigenen Weg zu machen und verantwortliche Dinge zu tun, professionell zu sein, und ich bin glücklich, dass ich diese Eigenschaft habe.«

Ach, du meine Güte, das war ein anstrengendes Interview. Tom hat oft so schnell in seinen nicht vorhandenen Bart hinein gemurmelt, dass ich ihn nur schwer verstehen konnte. Da er aber ein sympathischer Bursche ist, hat er auf mein Nachfragen stets höflich reagiert und sich bei mir entschuldigt. Immerhin weiß er, dass er wahnsinnig schnell und dabei so undeutlich redet.

Klar verständlich spricht die österreichische Schauspielerin Christine Kaufmann. Ihre erste Hauptrolle spielte Christine Kaufmann in dem zu Tränen rührenden Film »Rosen-Resli« (1954) und wurde damit zum gefeierten Kinderstar. 1960 gelingt ihr der Sprung nach Hollywood, wo sie bei den Filmarbeiten zu »Taras Bulba« Tony Curtis, ihren späteren Ehemann, kennenlernt. Doch die Ehe geht schief. 1968 kehrt sie mit ihren beiden Töchtern Alexandra und Allegra nach Deutschland zurück. Wohnt dann mit den Kindern in Wien und hat den Traum, ein Haus im steirischen Fürstenfeld zu kaufen. Doch die Kinder gehen eigene Wege. Sie ist allein.

Christine Kaufmann ist gerade ein halbes Jahrhundert alt geworden. Nicht ganz so lange kommt mir die Zeit vor, die sie mich hat warten lassen. Eine Diva eben. Dann schwebt sie in den Raum, spricht mit leiser Stimme, wo sie sich denn hinsetzen soll. Ich denke, dass es jetzt angebracht ist, sie nach ihrer Schokoladenseite zu fragen. Wir haben verschiedene Gesichtshälften und die eine gefällt einem persönlich besser als die andere. Profis setzen sich gleich mit der »richtigen« Gesichtshälfte vor die Kamera. Steuerbar ist auch der sympathische Eindruck, den die Seher von einem bekommen sollen. Auch da kommt es darauf an, wie man sich vor der TV-Kamera positioniert. Soll ich es Ihnen verraten? Wenn Sie auf den Bildschirm Ihres Fernsehers schauen, wirkt der Interviewte sympathischer, wenn er von links nach rechts schaut. So wird das auch im Theater bei Auftritten der Schauspieler gehandhabt. Mimen, die böse Charakter darzustellen haben, treten immer von rechts auf. Auch wenn Sie diese Regeln nicht kennen, beschleicht Sie bei einem Auftritt von rechts ein gewisses Unbehagen. Überlegen Sie sich bewusst: Welches Gefühl würde der Tenor auf der Bühne bei Ihnen auslösen, wenn er bei der Liebesarie den rechten Arm vom Körper weit weg öffnet? Er wirkt unglaubwürdig. Es muss der linke Arm sein, denn links sitzt das Herz.

Zurück zur Sitzposition: So kann man seinen Interviewpartner mehr oder weniger gekonnt in Szene setzen, damit er »gut rüberkommt«.

Christine Kaufmann hat eine Lieblingsseite. Sie wirkt ausgeglichen, wie sie da vor mir sitzt. Ihr Gesicht jung, fast zu ebenmäßig für eine zweifache Großmutter (Tochter Alexandra hat Zwillinge namens Dodo und Elizabeth Blue).

Auf mich wirkt sie immer sehr filigran. Ein zartes Puppengesicht, auch als sich schon die ersten Fältchen im Gesicht zeigen. Offenbar hat ihr turbulentes Leben keinerlei Spuren hinterlassen. »Ich nehme mir viel Zeit für mich und schwöre auf Naturkosmetik.« Ah, so einfach ist das! Doch der Grund für unser Zusammentreffen in Wien ist ein anderer: Sie stand als »Annie Kramer« in der Produktion »Das sprechende Grab«, dem ersten Kinofilm mit Thomas Brezinas »Knickerbocker Bande«, vor der Kamera.

Die tragenden Rollen haben in diesem Kinderfilm die kleinen Erwachsenen. Christine Kaufmann erinnert sich: »Ich selbst war Kinderstar und habe 1954 mit neun Jahren in ›Rosen-Resli‹ gespielt. Die heutigen Kinder sind äußerst anspruchsvoll im Vergleich zu mir. Ich habe als Kind alles getan, was man von mir wollte. Ich war einfach nur ein Kind. Die Kinder von heute nutzen die Möglichkeit, sich selbst zu verkaufen. Ob das gut oder schlecht ist, möchte ich dahingestellt lassen. Ich war auch nie wirklich ein Kind. Ich war eine kleine traurige Erwachsene. Ich schaue mir Filme, in denen ich als Kind mitgewirkt habe, ungern an. Das ist für mich furchtbar. Es ist, als ob ich jemanden sehe, den ich nicht kenne.«

Ich war auch nie wirklich ein Kind. Ich war eine kleine traurige Erwachsene. Ich schaue mir Filme, in denen ich als Kind mitgewirkt habe, ungern an. Das ist für mich furchtbar.

Schauspielerin
Christine Kaufmann

Da ist Schauspieler und Stuntman Jackie Chan ein ganz anderer. »Ich kann meinen kleinen Kindern und meinen Enkeln erzählen: ›Das ist euer Großvater, das bin ich.‹ Ich kann ihnen erzählen, ›das bin ich‹. Ich bin stolz, das sagen zu können.«

Sein Markenzeichen: atemberaubende Actionszenen. »Meine Filme unterscheiden sich sehr von den amerikanischen Filmen. Es gibt keine Spezialeffekte, nichts. Ich, Jackie Chan, mache alles alleine.«

Doch Superstar zu sein, kann ins Auge gehen. Seine Erfolgsbilanz: Drei Nasenbeinbrüche, Rippenprellungen, Bruch des Schulterblatts, des Kiefers, Bruch von zwei Fingern, eines Knies und des Knöchels. »Ich bin kein Superman«, gibt sich Jackie Chan bescheiden. »Man weiß – wie jeder Schauspieler – dass jetzt etwas explodieren wird und beim Kommando ›Action‹ muss man sich auf die Explosion vorbereiten. Und ich weiß nicht warum, ich stehe immer an den gefährlichsten Stellen.«

Und ich weiß nicht warum, ich stehe immer an den gefährlichsten Stellen.

Schauspieler und Stuntman
Jackie Chan

Er hat Temperament – auch während des Interviews. Während ich ihm die Fragen stelle, unterbricht er mich und fragt mich nach irgendwelchen Sachen, so zum Beispiel, was ich zum Frühstück gegessen habe (»Nichts, ich kann am Morgen nichts essen!«), ob ich öfters Hollywoodschauspieler interviewe (»Ja, am laufenden Band!«) oder wo ich den Hosenanzug gekauft habe? (»In Wien.«), um dann verwundert zu reagieren: »Dort kann man echt so tolle Mode kaufen?«. Man muss konzentriert bleiben, sonst kann es gefährlich werden und man verpasst den Anschluss an seine zuletzt gegebene Antwort.

Gefährlich kann es auch im Privatleben des 43-jährigen verheirateten Vaters eines Sohnes zugehen. Darum schweigt er gerne, wenn's zu sehr ins Private geht. »Früher gab es Schwierigkeiten. Als ich einmal sagte, dass ich eine Freundin habe, brachte sich ein Mädchen um, ein anderes vergiftete sich vor meinem Bürohaus. Schwierig ist es vor allem in Asien, weil ich dort als Idol gelte. Die weiblichen Fans wollen für mich sterben. Seit ich zurückhaltender bin, über Privates zu reden, ist es ruhig geworden.«

Die meisten geben sich beim Interview leger und zugleich professionell, andere wollen jeden Schritt von mir angesagt bekommen. So auch Priscilla Presley, die Witwe des King of Rock'n'Roll, Elvis Presley. Am 29. April 1995 ist sie bei der Fernsehsendung »Wetten, dass..?« in Innsbruck zu Gast. Bevor es zu Generalprobe geht, macht sie noch Werbung für ihr neues Parfum »Moments«. »Ich habe eine Leidenschaft für dieses Parfum, weil ich es entwickelt habe. Ich versuche als Geschäftsfrau das Beste zu geben, alles zu sehen, nicht nur meine Sichtweise. Ich weiß, dass die Leute glauben, Geschäfte macht man nur mit dem Verstand, doch ich glaube, dass ich eine Menge Herz hineinlege.«

Als ich sie bitte, eine Treppe hinunterzugehen, um sie in Szene setzen zu können, bleibt sie wie versteinert stehen. Sie möchte genau wissen, von welcher Stufe sie losgehen muss. Erste, zweite, dritte?

Eine Frau mit vielen Aufgaben. Sie ist Mutter, Großmutter, Schauspielerin, Tänzerin, Model, Geschäftsfrau, Bestsellerautorin und Filmproduzentin. »Aber in erster Linie bin ich Mutter«, betont Priscilla.

Es war 1959, das Jahr, das ihr Leben verändert. Sie besucht in Wiesbaden die Schule und lernt Deutsch. Sie ist 14 Jahre jung, als sie zum ersten Mal Elvis trifft. Ihre Eltern sind einverstanden, dass sie bei Elvis in Graceland wohnen kann. Er hat ihnen zugesichert, Priscilla zu heiraten, wenn sie volljährig ist.

Er hält Wort: Vom 1. Mai 1967 bis zum 9. Oktober 1973 dauert die Ehe. »Ich habe schon so viel über Elvis erzählt, über ihn gesagt. Ich habe ein Buch geschrieben und trotzdem gibt es diese Neugier noch. Es verblüfft mich selbst, wie groß diese Neugier ist.«

Mit Elvis hat sie eine Tochter, Lisa Marie, die durch die Heirat mit Michael Jackson in die Schlagzeilen geriet. Fragen über ihre Tochter sind nicht erlaubt. »Ich brauche ein Privatleben. Mein Leben hat sich immer in der Öffentlichkeit abgespielt. Man muss ein Privatleben haben, damit es möglich ist, zu bestehen.«

Das Privatleben der US-Schauspielerin Grace Kelly spielt sich in der Öffentlichkeit ab. Für die Charakterrolle der Georgie Elgin im Filmdrama »Ein Mädchen vom Lande« wird sie 1955 mit dem »Oscar« als beste Hauptdarstellerin ausgezeichnet. Sie ist 26 Jahre jung und steht am Höhepunkt ihrer Karriere. Doch für Grace Kelly sollte die Rolle ihres Lebens erst kommen.

Monaco 1955: Ein unbedeutender Zwergstaat. Ein Fürstentitel, über den der europäische Hochadel die Nase rümpft. Und vor allem: marode Staatsfinanzen. Fürst Rainier will sein Land aus der Neben- in eine Hauptrolle führen. Zudem steht er unter Druck, das Geschlecht der Grimaldis zu erhalten.

Wie es der Zufall will, dreht Hollywoodstar Grace Kelly im benachbarten Nizza. In dieser damals finanziell angespannten Situation gab es einen Bischof, der Rainier darauf aufmerksam gemacht hat, dass Grace mit Gary Grant in Nizza »Über den Dächern von Nizza« dreht und sagte: »Ich vermeine, Eure Hoheit, man sollte sie einladen. Für den Fremdenverkehr würde das günstig sein.«

Am nächsten Tag sagte er:
»Übrigens, Eure Hoheit, Grace Kelly, sehr schön.«
Am nächsten Tag sagte er:
»Übrigens, Eure Hoheit, Grace Kelly, sehr katholisch.«
Am nächsten Tag sagte er:
»Übrigens, Eure Hoheit, Grace Kelly, unverheiratet.«
Am nächsten Tag sagte er:
»Übrigens, Eure Hoheit, Grace Kelly, sehr vermögend.«

Es kommt zum ersten Treffen – Rainier ist begeistert. Am 19. April 1956 heiratet Fürst Rainier eine der schönsten Frauen der Welt. Schlagartig steht Monaco im Focus der Weltöffentlichkeit. Böse Zungen lästern, die Märchenhochzeit sei ein Marketingtrick, um Monaco berühmt zu machen und Dollar-Milliardäre an die Riviera zu holen. 2 Millionen US-Dollar (1,8 Millionen Euro) brachte Grace mit in die Ehe und außerdem noch ihre Freunde, the rich Americans, die reichen Amerikaner. Über Nacht wird Monaco zum Paradies.

Und wie mir aus profundem Munde mitgeteilt wurde: Grace Kelly hatte noch nie etwas von Monaco gehört. Sie dachte, sie heirate nach Marokko.

Oscar hat auch ihr Leben verändert. Zu gerne erinnert er sich noch an diesen großen Augenblick, als sie ihn, im Überschwang der Gefühle, in die Arme nahm. Vereint für ewig. Damals habe ich mich bereits an ihre Fersen geheftet, um ein Interview zu bekommen. Eine Österreicherin bekommt schließlich nicht jeden Tag diesen begehrten Goldjungen. Heute fristet Oscar ein eher tristes Dasein. Vor neugierigen Blicken geschützt, steht er auf dem Kamin in ihrem Heim in Los Angeles. Ja, ja, damals war eben alles anders, als die 24-jährige Österreicherin Eileen Kastner ihn, für außergewöhnliche Make-up-Effekte der Kinofilmproduktion »Terminator II: Tag der Abrechnung« an sich drückte. »Er wird immer noch gehätschelt«, lacht Eileen Kastner am 19. August 1993 in Graz auf Heimatbesuch. Wir sitzen im Garten der elterlichen Villa, die auf dem steirischen Hausberg gebaut ist. Es ist sehr heiß. »Ich weiß, was ich ›Oscar‹ zu verdanken habe. Die begehrte Trophäe öffnete mir Tür und Tor in der Filmmetropole Hollywood. Das Level, das ich erreicht habe, möchte ich halten. In diesem Beruf kann man sich auf seinen Lorbeeren nicht ausruhen. Es sind immer 20 Leute hinter dir, die dich vom Stockerl hinunterstoßen wollen. Und es gibt immer andere Leute, die genauso gute, wenn nicht bessere Ideen haben als du. Man muss immer wieder von Neuem seine Qualität unter Beweis stellen.«

Überraschung ist es keine, dass die ehrgeizige Eileen auch beim Dinosaurier-Thriller »Jurassic Park«, des Erfolgsregisseurs Steven Spielberg, die Hand im Spiel hat. Sie eilt ins Haus und kommt mit einem Foto zurück, das sie und einen dieser Dinos zeigt, der gerade unter ihren Händen mehr und mehr Gestalt annimmt. »Mit fünf anderen habe ich die Arbeit übernommen, sieben lebensgroße Dinosaurier herzustellen. Steven Spielberg ist ein Perfektionist und wir hatten uns genau an die anatomischen Vorlagen zu halten. Die Vorarbeiten dauerten zwei Jahre. Wir haben Bücher gelesen, Museen besucht und mit bedeutenden Wissenschaftlern zusammengearbeitet. Einer der Dinosaurier hat ein Detail, bei dem man bis heute nicht weiß, ob es den Tatsachen entspricht: Während er angreift, spannt sich ein fächerartiges Gebilde im Nacken auf, das ihn furchterregend aussehen lässt. Dinos Fleisch und Blut besteht aus Ton. Im tiefsten Inneren sitzt die Mechanik, die die Bewegungsabläufe steuert. So ist zum Beispiel das Hüftgelenk des großen T-Rex die entliehene Flugzeugbasis der NASA. Von jedem mussten drei, vier Stück gemacht werden, als Reserve. Und so zogen wir nicht nur dem 15 Meter hohen und 30 Meter langen T-Rex die Haut über. Der Beruf, den ich habe, hat so wenig mit Glamour zu tun. Ich stehe mit einer zerrissenen Jeans in Gips- und Tonbäder, die Haare unter einem Baseballkapperl, und die Fingernägel sind vom Ton oder den Farben dreckig. Nach 18 Stunden Arbeit komme ich ins Hotel und kann oft nicht einmal mehr essen. Ich bin nur wahnsinnig müde!«

Übrigens: Oscar wird sich damit abfinden müssen, dass er nicht der einzige ist, der der Steirerin Eileen hilfreich zur Seite steht. Denn da gibt's noch den Landsmann, die steirische Eiche, Weltstar Arnold Schwarzenegger.

»Arnold hat mir sehr geholfen. Nicht, dass er mir etwas auf dem Tablett serviert hätte, nein! Er wirft einem den Ball zu und du musst ihn auffangen. Er hat mir gesagt: ›Eileen, diese Türe mache ich dir auf, offenhalten musst du sie selber. Und wenn es nicht klappt, gehst du nach Hause. Doch bevor du fällst, fang ich dich auf!‹«

Bis heute haben die Muskelpakete des Arnold Schwarzenegger Eileen nicht unter die Arme greifen müssen. Sie hat es selbst geschafft!

Der verlorene Schuh

Im Oktober 1998 gibt Regisseur Reinhard Schwabenitzky den Startschuss für die Dreharbeiten zu seiner neuen Kino-Komödie »Eine fast perfekte Hochzeit«. Hauptdrehort für den fröhlich-chaotischen Liebesreigen rund um Elfi Eschke und Andreas Vitasek ist Wien. »Never change a winning team« – diesem Erfolgsrezept bleibt Schwabenitzky auch nach seinen Kinohits »Ein fast perfekter Seitensprung« und »Eine fast perfekte Scheidung« treu. Seine Frau, Elfi Eschke, spielte schon in den ersten beiden Teilen Henny, eine resche Norddeutsche, die sich auf der Flucht vor der Ehe ausgerechnet in einen verheirateten Wiener namens Sigi (gespielt von Andreas Vitasek) verliebt. Die deutsch-österreichische Liaison sorgt seither für unterhaltsame Wirren dies- und jenseits der Grenzen. Für die wichtige Rolle der »Tante Marlene« kann Reinhard Schwabenitzky die legendäre Hildegard Knef engagieren. »Es war gar nicht so einfach«, stöhnt Schwabenitzky. »Ich wollte ›Hildchen‹ schon viel früher, aber da war ihr die Rolle zu klein und außerdem ging es ihr gesundheitlich nicht sehr gut. Jetzt habe ich ihr wieder ein Drehbuch geschickt, sie hat prompt geantwortet und zugesagt. Das spricht für das Drehbuch.«

Hildegard Knef kommt am Arm ihres Ehemannes, Paul von Schell, zur Drehstart-Party ins Hotel Hilton in Wien. »Mir hat die Rolle der schrulligen Erbtante Marlene sofort gefallen. Ich freue mich wahnsinnig, wieder vor der Filmkamera zu stehen – und das in Wien.« Nach dreieinhalb Monaten Spitalsaufenthalt nach einem Sturz auf dem Parkett der neuen Berliner Wohnung, einer überstandenen Lungenentzündung und einer Bettwunde aufgrund des langen Liegens, geht sie an einem mit Silberknauf bestückten Stock. »Aber jetzt ist alles überstanden. Die Leute haben mich auf der Straße angesprochen, wie es mir denn nach dem Unfall geht und ob ich immer noch mit dem Stock gehen muss. Da habe ich gelächelt und gesagt: ›Mir geht es gut! Ich übe nur für eine Rolle!‹«

Als Schauspielerin, Sängerin und Autorin gilt »die Knef« seit ihren Anfängen in den 40er Jahren als Ausnahmeerscheinung im deutschen Sprachraum. Sie hat in Europa und in Amerika Karriere gemacht, in über 50 Film- und Fernsehproduktionen mitgewirkt, mehr als zweihundert Chansons aufgenommen und sieben Bücher, darunter die Autobiographie »Der geschenkte Gaul«, geschrieben.

Hildegard Knef wird am 28. Dezember 1925 in Ulm geboren und zog sehr bald nach Berlin, wo sie während des Krieges beim Filmunternehmen UFA GmbH Zeichentrick malen lernt. Nach eineinhalb Jahren wechselt sie unter den Fittichen der UFA-Nachwuchsschmiede zur Schauspielerei. »Obwohl ich dem damaligen Schönheitsprinzip überhaupt nicht entsprochen habe! Profitiert habe ich erst als ich nach den ersten drei Filmen, die ich in Deutschland gedreht habe, nach Amerika gekommen bin. Die amerikanischen Produzenten holten die jungen Schauspieler aus Europa, um die deutsche Filmindustrie nicht zu dem werden zu lassen, was sie vor der Hitler-Zeit war, Leader auf dem europäischen Markt. Ich lernte neben den großen Geistern, die emigrieren mussten, auch den deutschen Philosophen und Schriftsteller Ludwig Marcuse kennen. Ich weiß noch, wie Marcuse zu mir gesagt hat: ›Sag' mal, Kind, was du in der Schule gelernt hast, muss ja grauenvoll gewesen sein. Ich werde das jetzt in die Hand nehmen.‹ Er gab mir jede Woche ein Buch, über das ich ein Essay zu schreiben hatte. Mit ›Faust‹ fing es an. Marcuse hat mich durch die Literatur gejubelt, dass ich nicht mehr wusste, wo oben und unten ist. Aber ich wollte diesem Mann und auch mir beweisen, dass ich nicht ein von der Naziherrschaft beeinflusster Geist bin. Und viele, viele Jahre später, als ich meine ersten Texte, meine ersten Gedichte schrieb, habe ich begriffen, was dieser Mann für mich getan hatte. Ich hatte eine private Universitätsausbildung genossen.«

Und wie es sich anfühlt, plötzlich als Skandalnudel zu avancieren, weiß sie seit dem Film »Die Sünderin«, 1951. Fünf ganze Filmsekunden lang wird eine Andeutung ihres nackten Busens gezeigt und das Blut der Sittenwächter gerät daraufhin in Wallung. »Ich war die Erste, die sich auf der schüchternen deutschen Leinwand nackt gezeigt hat!« Seither gilt sie als verrucht. Schlussendlich haben sich sieben Millionen Besucher mehr oder minder enttäuscht den Film zu Gemüte geführt. Es gab nicht viel zu sehen!

Die größte Sängerin ohne Stimme.

Jazzsängerin Ella Fitzgerald über Hildegard Knef

Unvergessen bleibt ihr auch die Arbeit mit Gregory Peck und Ava Gardner im Film »Schnee am Kilimandscharo« (Originaltitel: »The Snows of Kilimanjaro«) nach der Erzählung von Ernest Hemingway in den 50er Jahren. »Gregory Peck war ein guter Partner. Der Film war doof.« Und dann erzählt sie mir 40 Jahre später ein Detail, das offenbart, wie sehr Erfolg Intrigen züchten kann. »Ja, das Folgende erzähle ich heute zum ersten Mal. Die US-amerikanische Filmschauspielerin Ava Gardner bestand darauf, dass zwei Szenen herausgeschnitten werden, sonst hätte sie nicht weitergedreht. Es war einmal eine sehr schöne Liebesszene mit Gregory Peck und mir und noch eine weitaus bessere Szene, eine Partyszene. Es war das erste Mal, dass eine Schauspielerin mit solchen Mitteln gegen mich gearbeitet hat.« Die erfolgsverwöhnte Ava Gardner als »Cynthia« sah in ihrer Rivalin im Film »Gräfin Liz«, gespielt eben von Hildegard Knef, offenbar auch eine wirkliche Gefahr am Diven-Markt. »Doch dieser Film brachte mir ›Ninotschka‹ ein, die ehemalige Greta Garbo-Rolle.« Und »Hildchen« wagte es unter dem Pseudonym Hildegarde Neff in Garbos große Schuhstapfen zu treten – immerhin bekam die Garbo für diese Rolle den Oscar. »Der Komponist Cole Porter sah mich und sagte: Die muss ›Ninotschka‹ spielen. ›Ich kann nicht singen‹, sagte ich damals zu Porter. Doch er glaubte an mich und vor allem glaubte er an meine Stimme!« Und er sollte Recht behalten: 675 Aufführungen in zwei Jahren. Und eine amerikanische Zeitung lobhudelt: »Hildegarde Neff schlüpfte in die Schuhe der Greta Garbo und läuft damit davon.«

Auch die große Jazz-Sängerin Ella Fitzgerald ist von Knefs musikalischem Talent auf ihre Weise überzeugt und meint sarkastisch: »Die größte Sängerin ohne Stimme«.

Wo auch immer Hildegard Knef auftritt, prasselt ein Blitzlichtgewitter auf sie hernieder. »Ach, ich stehe schon so lange im Rampenlicht, das stört mich überhaupt nicht. Und wenn die Journalisten und Fotografen so nett mit mir umgehen, wie sie es immer getan haben, dann habe ich gar nichts zu meckern!«

Auch mit ihren Fans befindet sie sich im besten Einverständnis. »Die Leute sprechen mich immer sehr höflich an, erkundigen sich nach meinem

Hildegard Knef
05 03 1990
07 03 1990

Befinden, nehmen Anteil an meinem Privatleben. Seltsam ist, dass meine Fans bereits aus vier, nein fünf Generationen bestehen. Das liegt sehr wahrscheinlich daran, dass ich manche Lieder wie ›Ich brauch' Tapetenwechsel‹ neu auf CD aufgenommen habe. Aber im österreichischen Graz habe ich jetzt einen Fanclub, da sind die Mitglieder erst acht Jahre alt. Also, wie die auf mich gekommen sind, darüber rätsle ich noch heute!«

Ans Aufhören denkt Hildegard Knef noch lange nicht. »Ich arbeite bis es nicht mehr geht. Ich kann nicht untätig sein. Jetzt gerade habe ich schon wieder vier selbstgetextete Titel für eine neue CD aufgenommen. Außerdem bin ich ständig dabei, meine Kleiderlinie in ganz Europa zu vermarkten. Bei uns in Deutschland (Karstadt) und Osteuropa bin ich sehr erfolgreich mit meiner selbst entworfenen Business- und Abendgarderobe für die Frau über 40, in Paris tue ich mir schon viel schwerer. Ist ja auch nicht leicht gegen einen ›Karl Lagerfeld‹ anzutreten«, strahlt sie verschmitzt.

Eine schöne Frau braucht unbedingt einen schönen Schuh.

Italienischer Schuhdesigner Sergio Rossi

Während der vierwöchigen Dreharbeiten in Wien hat sie sich mit ihrem Ehemann nur eines vorgenommen: »Ich will mir den neuen Steven Spielberg-Film ›Der Soldat James Ryan‹ im Kino in Originalfassung ansehen.« Dazu sind wir bis jetzt noch nicht gekommen.

Doch zum Lachen sind wir gekommen. Wie bei jedem unserer Treffen, erinnern wir uns an unseren ersten Interviewtermin am 3. März 1990. Die Knef gastiert mit eigenen Texten im »Theater in der Josefstadt« in Wien und lädt am Vortag zum Pressetermin. Pünktlich wie immer finde ich mich im Café ein. Es herrscht großes Medieninteresse. Doch Hildegard Knef lässt auf sich warten. Wir werden des Öfteren vertröstet, dass sie eh gleich erscheinen wird, dann kommt sie endlich, eineinhalb Stunden zu spät und das völlig aufgewühlt. »Mein Koffer ist nicht angekommen«, bedauert sie. »Ich habe jetzt gar nichts, keine Zahnbürste, keine Kosmetika, kein Nachthemd, und auch für den morgigen Auftritt fehlt mir etwas Elegantes, ein Kleid, Strümpfe, Schuhe!« Oh, wie kann ich mich in sie hineinfühlen. Frage sie nach Kleider- und Schuhgröße und rausche ab. Ich wohne neben dem Theater in der Josefstadt und habe zufällig die gleiche Kleider- und Schuhgröße. Packe alles fein säuberlich zusammen, auch – nach einiger Überwindung – meine neu erstandenen schwarzen Gucci-Schuhe, die ich bis dato für einen besonderen Auftritt gespart habe.

Hildegard Knef zeigt sich sehr erfreut und verspricht, mir alles nach ihrer Lesung im Theater zu hinterlegen.

Doch da ist nichts. Gar nichts. Überall wird gesucht. In ihrer Garderobe im Theater, in der Publikumsgarderobe, auf ihrem Hotelzimmer, nichts. Ich verstehe die Welt nicht mehr. Hat Hildegard Knef jetzt meine Gutmütigkeit so ausgenutzt und sich einfach auf leisen Sohlen davon gemacht? Ich glaube es nicht und schreibe ihr einen Brief. Ersuche sie, mir doch zu sagen, wo sie mein »Care-Paket« deponiert hat. Die Boulevard-Blätter in Österreich und Deutschland haben längst Wind vom eigenwilligen »Schuhkauf« à la Knef bekommen.

»Ein Schauspieler und ein Politiker müssen damit fertig werden, dass sie kritisiert werden. Nicht nur in der Leistung auch im Privatleben. Hans Albers und Curd Jürgens haben gesagt: ›Die Leistung muss gut sein. Aber was sonst die Presse schreibt – ob gut oder schlecht – ist völlig Wurscht. Hauptsache sie schreiben über dich. Wenn sie nicht mehr schreiben, hast du etwas falsch gemacht‹«, wird Harald Juhnke zitiert.

Mir hat auch die Skandalpresse nie geschadet. Es gab ja so ein paar Sommer: Früher war's das Ungeheuer von Loch Ness und dann kam immer Harald Juhnke.

Entertainer
Harald Juhnke

Wochen später ruft mich Hildegard Knef an und sagt, dass sie alles wie vereinbart im Theater hinterlegt habe. Eine Stunde später ruft das Theater an, meine Reisetasche wurde gefunden und sei zum Abholen bereit. Mysteriös bis heute, wo die Tasche in der Zwischenzeit auf Reisen ging.

Das Nachthemd, die Strümpfe, all' das hätte ich wahrlich verschmerzen können. Nur um die Gucci-Schuhe hätte es mir wirklich leid getan. Stand doch der Kaufpreis in keiner Relation zu meinem damaligen Einkommen.

Doch jetzt weiß ich, was »Aschenputtel« uns doch schon in Kindertagen bewiesen hat: »Schuhe können dein ganzes Leben verändern.« Ja, eben.

Wie auf einem anderen Stern

Was fragt man einen Mann, der plötzlich vor einem steht? Was fragt man einen Mann, der plötzlich vor einem steht und der auch noch auf dem Mond war?

Ich bin völlig perplex, als ich »Apollo 17«-Kommander Gene Cernan im Mai 1999 auf der Uhrenmesse in Basel treffe.

Seit ich am 21. Juli 1969 in der Sommerfrische bei meinen Großeltern die erste Mondlandung vor dem Schwarz-Weiß-Fernseher mitverfolgen konnte, interessiere ich mich für diese Welt, außerhalb meiner Welt.

Wie habe ich Captain Kirk vom »Raumschiff Enterprise« beneidet, der sich an seinen Chefingenieur Montgomery »Scotty« Scott wenden und ihm dem Befehl erteilen konnte: »Beam me up, Scotty«, um wieder zum Raumschiff zurücktransportiert zu werden.

Viele, viele Jahre später landet die Enterprise in Wien. Wesen von einem anderen Stern sind zu Besuch. Der Anlass: die Österreichpremiere des neuen Science-Fiction-Films »Star Trek 11«. Dort treffen sich die »Trekkies«, also die Fans, genauso wie die zwei Star Trek-Schauspieler John Yohan Cho als »Lt. Hikaru Sulu« und Karl-Heinz Urban als »Dr. Leonard ›Pille‹ McCoy«.

Nach dem Dreh eile ich in den Schneideraum. Wer für eine aktuelle Sendung arbeitet, muss immer schnell sein. Während mein Cutter Harald das Drehmaterial in den Computer einspielt, habe ich Zeit, mir aus der Kantine einen Kaffee im Becher und ein Buttersemmerl zu holen (ein kleines, verspätetes Frühstück um 12 Uhr Mittag). Als ich zurückkehre, hat Harald eine Überraschung für mich parat.

Auf dem Monitor bin ich zu sehen und mit den Worten zu hören: »Lisbeth an Transporterraum. Scotty, Energie.«

Und weggebeamt bin ich. Ich habe es geschafft. Der Technik und Harald sei Dank.

Heute finde ich auf dem Computer noch den Hinweis an die Redaktion: »Bitte Cutter Harald Schossmann im Abspann nennen. Der Schnitt war sooooooo aufwendig!!!! Danke!«

Der Science-Fiction-Film ist bereits der elfte Kinofilm rund um die Geschichte des Raumschiffs Enterprise. Angefangen hat alles am 8. September 1966. Da war die Enterprise zum ersten Mal unterwegs, um neue Welten zu erforschen.

Jeder interessiert sich für die Zukunft. Die Idee ist, dass Menschen aller Rassen, Nationalitäten und Wesen für ein gemeinsames Ziel arbeiten, für den Frieden.

Schauspieler
John Yohan Cho

In unserer Welt hat damals niemand den bevorstehenden Erfolg erahnt. Schauspieler John Yohan Cho: »Jeder interessiert sich für die Zukunft. Die Idee ist, dass Menschen aller Rassen, Nationalitäten und Wesen für ein gemeinsames Ziel arbeiten, für den Frieden. Ich möchte nicht zu viel verraten: Es wird gekämpft, der Planet Vulkania wird verteidigt – für mich ist es vorwiegend ein Actionfilm.«

»Wir hoffen«, wirft Schauspieler Karl-Heinz Urban ein, »dass das Kinopublikum bei diesem Film genau so viel Spaß hat, wie wir ihn bei den Dreharbeiten hatten.« Das Ziel von »Star Trek« ist nicht der Mond.

Dieses eine Ziel kannte nur Gene Cernan, den ich, wie gesagt, in Basel treffe. 1972 war er der bisher letzte Mann auf dem Mond. »Es war wunderbar auf dem Mond. Unvorstellbar, wenn man auf dem Mond steht und auf die Erde schaut. Es war so beeindruckend und wundervoll und sehr, sehr aufregend – es war wie ein Wunder.«

Mit 29 Jahren bewirbt er sich bei der NASA als Astronaut, neun Monate später beginnt die Ausbildung. Cernan spezialisiert sich auf Raketen. Der Start von Apollo 17 findet am 7. Dezember 1972 statt: »Der leichteste Teil meiner Arbeit war auf dem Mond. Das Schwierigste war die Vorbereitungen, um auf den Mond zu gelangen. Zweieinhalb Jahre habe ich mich dafür vorbereitet. Das ist der Preis, den ich bezahlen musste. Ich vermisste meine Familie und meine Tochter wuchs heran und war plötzlich neun Jahre alt.

Das war schwer: Ich habe nicht mitbekommen, wie sie groß geworden ist.«

Und dann wird klar, warum sich Gene Cernan auf der Uhrenmesse befindet. Er ist zum Testimonial eines Schweizer Uhrenkonzerns avanciert. »Ich sage Ihnen, welche Bedeutung Zeit für mich auf dem Mond hatte. Meine Uhr war für mich wie ein Fenster zur Wirklichkeit. Ich wusste, dass jetzt um acht Uhr meine kleine Tochter Teresa zur Schule geht. Und wenn es acht Uhr abends war, wusste ich, sie hat gerade ihre Hausaufgaben gemacht und geht jetzt zu Bett.«

Trotz aller Strapazen, Bemühungen und technischer Missgeschicke bleibt die Sehnsucht: »Ich möchte wieder zum Mond zurückkehren, wo ich einst, vor vielen Jahren, drei Tage lang lebte, wo ich meine Fußabdrücke und die Initialen meiner Tochter im Sand hinterlassen habe. Das wäre großartig!«

Ich möchte wieder zum Mond zurückkehren, wo ich einst, vor vielen Jahren, drei Tage lang lebte, wo ich meine Fußabdrücke und die Initialen meiner Tochter im Sand hinterlassen habe. Das wäre großartig!

NASA-Astronaut
Gene Cernan

Sein größter Wunsch geht nicht mehr in Erfüllung. Gene Cernan wollte unbedingt noch dem Mars einen Besuch abstatten.

Das ist auch der Wunsch von Alexander Gerst. Der Flug zum Mars: »Das wäre die ultimative Reise. Im Jahr 2040 sei der Flug zum 55 Millionen Kilometer entfernten Planeten technisch machbar«, sind Experten überzeugt. Der deutsche Astronaut Alexander Gerst wäre dann 64 Jahre alt. Also im besten Alter, denn wegen der gewaltigen kosmischen Strahlung auf dem Mars kämen ohnehin nur ältere Astronauten zum Zug.

Sein Traum, einmal im Weltraum zu sein, wurde für Alexander Gerst am 28. Mai 2014 endlich zur Realität. 8.412 Mitbewerber hatte er damals, als er sich zur Astronauten-Ausbildung angemeldet hat.

Sechs Monate lang, bis zum 10. November, ist er als Bordingenieur in 400 Kilometer Entfernung auf der ISS, die mit einer Geschwindigkeit von 26.000 Stundenkilometer um die Erde rast. Dabei erlebt er allein an einem Tag 16 Sonnenaufgänge. 162 Experimente führt er während seiner »Blue Dot«-

Weltraummission durch. Osteoporose, Knochenschwund, will man besser verstehen und heilen lernen; neue Arten der Legierung für den Auto- und Flugzeugbau sollen getestet werden…

Das Vertrauen in die Technik ist bei der Raumfahrt grenzenlos. »Sie vertrauen ja auch der Technik beim Autofahren«, sagt er zu mir, der schon als kleines Kind am Kraterrand eines Vulkans saß, um besser in den Rachen des Kraters zu blicken. Neugierig auf Unbekanntes war er nach dem Abitur als Rucksacktourist, später dann in der Kälte der Antarktis, wo er als Geophysiker lange verweilte.

Als Alexander Gerst als dritter Deutscher nach dem Start in Baikonur nach sechs Stunden Flug mit dem Russen Maxim Surajew und dem US-Amerikaner Reid Wiseman erfolgreich an die ISS andockt, reift in mir der Plan, mich nach seiner Rückkehr um ein Interview zu bemühen. Aus berufenem Munde zu erfahren, wie es denn dort oben ist, interessiert mich.

Bis denn dann! Würde euch gerne alle mitnehmen…

Astronaut
Alexander Gerst

»Bis denn dann! Würde euch gerne alle mitnehmen…«, verabschiedet sich Alexander Gerst kurz vor dem Start auf TWITTER @ASTRO_ALEX.

Die Tradition verlangt Rituale: So trägt sich ein Astronaut im ehemaligen Büro von Juri Gagarin, dem ersten Menschen im All, ins Gästebuch ein und pflanzt einen Baum in der Allee der Kosmonauten in Kasachstan. Einen Tag vor dem Start schaut man gemeinsam den Film »Die weiße Sonne der Wüste«. Das ist ein alter russischer Film, den sich jene Crew angeschaut hat, die nach dem Unglück von »Sojus 11« wieder erfolgreich gestartet ist. Seither schauen alle Crews vor dem Start diesen Film.

Über die neuen Medien gewährt Alexander Gerst Einblicke in seinen recht außergewöhnlichen beruflichen Alltag, liefert wohl die schönsten Bilder von der Raumstation zu uns Erdenmenschen. Ausblicke ins Weltall, Rückblicke auf unsere Erde, die im Weltall so herrlich blau erstrahlt.

Als ich am 29. April 2015 mit dem Kamerateam um 9 Uhr 5 von Wien-Schwechat in Richtung Köln abhebe, gibt es keine Anzeichen dafür, dass dieser Vormittag noch absolut hektisch werden könnte.

Dann der Schreck bei der Landung in Köln: Das Kamerastativ ist nicht angekommen. Dieses technische Utensil ist bei einem länger dauernden Interview sehr von Vorteil. Denn die 15 Kilogramm schwere Kamera auf der Schulter lässt so manch' ruhiges Händchen schlussendlich doch etwas unruhig werden. Und das wollen wir dann doch nicht. Also heißt es für mich, ein Stativ zu organisieren. Telefonisch fündig werde ich vorerst beim WDR. Wir können kommen, sie leihen uns ein Stativ. Klingt ja alles beruhigend, wenn da nicht ständig der Interviewtermin im Hinterkopf lauert und auf Beeilung pocht.

Ja, manchmal kommt es anders, als man denkt. Da bemüht man sich monatelang um ein Interview mit dem deutschen Astronauten Alexander Gerst, der 2014 sechs Monate auf der Raumstation ISS war. Dann findet das Interview genau zu der Zeit bei der ESA (= Europäisches Astronautenzentrum) in Köln statt, wo ein russischer Raumfrachter nach seinem Start die vorgesehene Umlaufbahn deutlich verfehlt hat. Jetzt droht er auf die Erde zu stürzen. Die Panne sei »beunruhigend«, heißt es, da sie bei einer Sojus-Rakete aufgetreten sei, die auch für bemannte Flüge genutzt werde.

Angst kennt Alexander Gerst nicht: »Es ist nicht ganz ungefährlich, in den Weltraum zu fliegen. Wir arbeiten an der Grenze der Technologie, wir machen etwas Neues, wir betreiben Exploration – und das war noch nie ungefährlich. Dieses Risiko gehen wir bewusst ein, es ist nicht allzu hoch, aber es ist da. Bei einem Start mit der Rakete sitzt man auf 300 Tonnen Treibstoff, und 26 Millionen PS gehen unter uns los.«

»Ich habe die letzten fünf Jahre für diese Aktion trainiert.« Er lernt, sich auch im 160 Kilogramm schweren Raumanzug zu bewegen, lernt neben Englisch auch Russisch, die zweite Amtssprache im All. Geübt werden muss auch die Fortbewegung in der Raumfähre selbst. In einem Nachbau der ISS auf dem Trainingsgelände in Köln wird jeder Griff eingeprägt, die Funktion jedes Moduls studiert, genauso wie jeder Verschluss der Luke beim Ausstieg aus der Station.

Der deutsche Astronaut ist nach 166 Tagen wieder auf der Erde gelandet. »Der Weltraumspaziergang war wunderschön, er ist nicht gefährlich. Der Start ist emotional aufregender, aber wir wussten ja, was zu jeder Zeit geschieht. Die Landung ist entspannter, dafür physisch härter. Mit 5 g (erdschwere Beschleunigung), das ist die fünffache Belastung meines Körpergewichtes, also mit fast 450 Kilogramm, bin ich in den Sitz gedrückt worden – das war mehr als vorhergesagt. Aber es geht, weil man in diesen Schalensitzen sitzt und nirgends zur Seite hin ausweichen kann. Ja, man hat Schwierigkeiten mit der Atmung. Man spürt wie die Kehle hinten zuschnürt. Spürt wie sich das Gesichtsfeld ein bisschen einengt. Wenn der Druck noch weiter gestiegen wäre, hätten wir uns ein bisschen Sorgen gemacht. (Die Flugmanöver eines Passagierflugzeuges sind so konzipiert, dass die Belastung der Fluggäste 1,5 g nicht übersteigt.)

Wir haben dann alle die 4,9 g auf der Anzeige gesehen. Dann mussten wir alle drei lachen, weil wir uns gesagt haben, jetzt wollen wir auch noch die 5 sehen. Die kam dann auch – aber dann habe ich mir überlegt, jetzt ist es dann doch gut. So langsam wie sich der Druck aufbaut, so langsam baut er sich auch wieder ab.

Auch interessant ist, wie sich Teile vom Raumschiff ablösen und verbrennen. Man ist eingehüllt von glühendem Plasma. Zuerst dachte ich, es wäre die Sonne. Aber es war in der Nacht. Das Raumschiff trennt sich in drei Teile – es ist laut, es kracht. Wenn der Fallschirm aufgeht, dann vibriert die Kapsel und überschlägt sich und man wird in alle Richtungen gebeutelt. Aber wir waren gut darauf vorbereitet, wir wussten immer was passiert.«

Spätestens jetzt ist mir schlecht.

»Durch die ISS-Mission habe ich mich nicht sehr verändert. Ich hatte das Glück, die Erde von einer ganz bestimmten Perspektive aus zu sehen. Was wir hier auf Erden tun, scheint das Falsche zu sein. Ich möchte nicht als Moralapostel dastehen – aber wie würden wir außerirdischem Leben erklären, dass wir Wälder abbrennen, die wir zum Überleben brauchen und dass wir uns bekriegen…«

Ich freue mich, wieder zuhause zu sein. Aber die Wehmut wird sicher kommen. Ein australisches Sprichwort lautet: »Das Gras ist immer grüner auf der anderen Seite des Zauns.«

Es dauert Jahre, um einen Weltraumflug als Tourist bewilligt zu bekommen. Doch der Sängerin Sarah Brightman ist es geglückt. Wochenlang hat sie dafür psychische und physische Belastungstests auf sich genommen. Am 1. September 2015 startet die 52-Jährige zur internationalen Raumstation ISS. Zehn Tage lang dauert das Weltraumabenteuer und Sarah Brightman zahlt dafür 49 Millionen Euro. »Es ist kein Urlaub«, scherzt Sarah. »Es gibt kein Kofferpacken und kein Hotelbett.«

CLEMENS
FRANK
ALLES ÜBERSTANDEN -
war echt lustig!

Unendliche Weiten und ein teurer Spaß auf engstem Raum. »Es ist auf vielen Gebieten eine Herausforderung, körperlich und seelisch.«

Der erste Weltraumtourist startet am 25. April 2001 mit einer russischen Sojus-Rakete von Baikonur in den Weltraum: der amerikanische Milliardär Dennis Tito. Seit 2001 leisteten sich sechs Männer und eine Frau die millionenschwere Reise. Sarah wäre die erste ISS-Touristin seit 2009. Die Reise bedarf langwieriger Vorbereitungen: So hat Sarah Brightman im Jänner bereits ein Überlebenstraining in einem verschneiten Wald in Russland absolviert. »Normalerweise stehe ich um 6 Uhr früh auf. Zurzeit bin ich ja im Sternenstädtchen. Ein normaler Tag besteht aus Theorie, man spricht über die verschiedenen Systeme, vier Stunden lerne ich russisch, trainiere meinen Körper und mache Überlebenstraining. Viel Zeit verbringe ich im Simulator.«

Sarah Brightman soll als bisher achte Weltraumtouristin zusammen mit der 45/46. ISS-Besatzung — dem russischen Kosmonauten Sergej Wolkow und dem dänischen Astronauten Andreas Mogensen — zur ISS fliegen. Sobald Brightman auf der Raumstation ist, will sich die Künstlerin aber auch wieder ihrer Muse, der Musik, zuwenden. »Wir arbeiten im Moment gerade an der Musik und tüfteln an technischen Details, da es doch sehr komplex ist, Musik auf der Raumstation aufzunehmen.« Es wird ein unbezahlbarer Ausflug mit allerdings ungewissem Ausgang. »Es gibt Risiken. Und wer weiß, wie es mir geht, wenn ich zurückkomme.«

Aus und vorbei. Sarah Brightman hat »aus familiären Gründen« ihr Raumfahrer-Training abgebrochen und wird nicht zur ISS fliegen. In den Medien wird spekuliert, dass die nötigen Sponsoren für den Trip fehlen.

Österreichs Mann im All heißt Franz Viehböck. Gemeinsam mit dem Arzt Clemens Lothaller wird er für das sowjetisch-österreichische Weltraumprojekt »Austromir 91« ausgewählt. Am 2. Oktober 1991 soll der Start erfolgen.

Die gemeinsame zweijährige Ausbildung beginnt mit dem Russisch-Unterricht in Wien. Ich begleite die beiden Mitte Dezember ins Sprachinstitut, mache Reportagen fürs Radio und Fernsehen. Als Franz Viehböck und Clemens Lothaller am 8. Jänner 1990 nach Russland aufbrechen, verabschiede ich sie mit der Kamera am Flughafen Wien-Schwechat.

Die sowjetische Raumfahrtbehörde entscheidet sich für den damals 31-jährigen Franz Viehböck, der mit den russischen Kosmonauten Alexander

Wolkow und dem ersten kasachischen Kosmonauten Toqtar Äubäkirow mit Sojus TM-13 vom Weltraumbahnhof Baikonur startet.

Neben dem Weltraumabenteuer wurde Franz Viehböck Vater einer Tochter. Carina-Marie erblickte genau an dem Tag das Licht der Welt, als ihr Vater in die ungeahnten Weiten des Weltalls startete. Als er oben in die Raumstation einschwebte, wurde ihm die freudige Nachricht überbracht.

Nach sieben Tagen und 22 Stunden im All hat ihn die Erde wohlbehalten wieder.

Das offizielle Aus der Raumstation MIR kam am 23. Oktober 2000.

Ständig lese ich in der Zeitung über die Rosetta-Mission. Und ich frage mich, warum sie mir so bekannt vorkommt. Dann fällt's mir ein: Ich war vor zehn Jahren, am 2. März 2004, beim Start der Sonde der österreichischen Beteiligung mit Kamerateam beim IWF, dem Institut für Weltraumforschung in Graz, dabei. Die Landung des Mini-Labors auf dem Kometen »67P/Tschurjumow-Gerassimenko«, kurz »Tschuri« genannt, in zehn Jahren schien in weiter Ferne. Am 12. November 2014, um 16 Uhr 30, ist es soweit – ich bin aufgeregt.

Seit dem Start hat »Rosetta« über sechs Milliarden Kilometer zurückgelegt. Da kam sie dreimal an der Erde und auch einmal am Mars vorbei – vor allem um sich neuen Schwung für ihre Reise zu holen.

Alles geklappt. Die »Rosetta-Mission« ist ein großer wissenschaftlicher Erfolg. Echt aufregend, dass ich bei solchen Ereignissen dabei sein konnte – auch wenn es manchmal etwas länger dauert, bis Erfolge sichtbar werden.

Wir werden uns beim Start zum Mars im Jahr 2040 auch etwas in Geduld üben müssen. Wie gesagt, der Planet ist 55 Millionen Kilometer von uns entfernt.

Da ist der Flug zur ISS nur ein Kurzstreckenflug (400 Kilometer) und die Reise zum Mond lediglich ein Kurztrip: 76 Stunden für 384.400 Kilometer.

Verstehen Sie Spaß?

Es sollte ein Spaß werden. Ein Spaß, der nicht nur in die Hose ging, sondern auch das Lachen im Halse ersticken ließ und das kam so: Der Sendung »Verstehen Sie Spaß?«, die nach dem Abgang des Moderatorenehepaares Paola und Kurt Felix am 1. Dezember 1990 sehr an Zuschauerschwund litt – immerhin waren bei Paola und Kurt rund 21 Millionen Fernsehzuschauer mit dabei – fehlten Ideen, wie man mehr oder minder prominente Zeitgenossen vor versteckter Kamera aufs Glatteis führen kann. Kreative Köpfe wurden gesucht. Unter anderen wurde auch einer meiner Vorschläge angenommen. Der Plan war klar. Bei einem Empfang sollte der noblen Gästeschar Brötchen gereicht werden. Beim Ausgang, bei der Garderobe, war die versteckte Kamera. Als die Gäste nach Hause gingen, stand ich da und versuchte mit todernster Miene das Geld für die belegten Brötchen, die jeder einzelne verspeist hatte, einzutreiben. In der Annahme, dass alles gratis sei, haben alle herzhaft zugegriffen. Natürlich hatte ich keine Ahnung, wer wieviel gegessen hatte. Ich habe die Stückzahl je nach mir bekannter Gierigkeit geschätzt. 3 Schilling (= 0,22 Euro) pro Happen war der Preis. Und so versuchte ich, »Opfer« für »Opfer« abzukassieren. Ein Sturm der Entrüstung brach über mich herein:

»Es hätte angekündigt werden müssen, dass man für die Brötchen bezahlen muss.«

»Wie kommen Sie auf drei Brötchen, ich habe nur ein Brötchen gegessen.«

»Für diesen Fraß wollen Sie auch noch Geld haben!«

»Das ist eine Abzocke sondergleichen…«

Auch als ich alles aufzulösen versuchte, beruhigten sich die Gemüter nicht. Den Beitrag habe ich nicht freigegeben. Er war alles andere als lustig. Es wäre zu peinlich geworden für so manchen Politiker, für Unternehmerinnen

Ich habe ungefähr 40 Kilo abgenommen und 42 zugenommen.

Schauspieler und Regisseur
Otto Schenk

und Unternehmer, für so manche Großstadt-Größe und all' die Adabeis, die sich im Rampenlicht sonnen und somit mehr scheinen, als sie sind.

Dass sich das Essen bei all' den Empfängen nicht nur sehen lassen kann, sondern auch mundet, bestätigt die immer wiederkehrende standhafte Anwesenheit der Buffet-Touristen, wie wir die nie Eingeladenen liebevoll bezeichnen.

Wie gut es sich am angerichteten Schnellimbiss delektieren lässt, erläutert mir die polnische Botschafterin in Wien, Irena Liopwicz, 2000, mit einem Witz: »Ein Diplomat fragt den anderen: ›Wie lange sind Sie, Exzellenz, schon in Wien?‹ Der andere antwortet: ›Zehn Kilo, Exzellenz.‹«

Und der Sänger Mark Janicello macht keinen Hehl aus seinen Tischsitten, wie er mir im September 2000 direkt beim Buffet verrät: »Ich esse wie ein Schwein, ich fresse den ganzen Tisch mit Besteck und Teller und alles. Ich habe keine Manieren. Ich bin Amerikaner, was erwartet man...«

Manchmal blitzt es durch, das wahre Gesicht der feinen Leute. Eine Realsatire, die mir der Soziologe Univ.-Prof. Dr. Roland Girtler bildhaft vor Augen geführt hat. Sein damals neuestes Buch »Die feinen Leute: Von der vornehmen Art, durchs Leben zu gehen« stand unmittelbar vor der Präsentation. Und genau zu diesem Thema wollte ich den lieben Professor interviewen. Ich mag seine immer aufgeregte Art, Menschen und Situationen treffend, nämlich äußerst nah an der Wirklichkeit, zu beschreiben. Roland Girtler weiß offenbar genau, wo die feine Gesellschaft anzutreffen ist, denn er schlägt als Interviewort ein exklusives Bordell am Wiener Gürtel vor. Viel Plüsch in rotes Licht getaucht, sparsam bekleidete Mädchen, wohlbeleibte Herren, mittendrin ein lachender Roland Girtler, der sichtlich mein zögerndes Eintreten genießt. »Auch hier sind sie anzutreffen, die feinen Leute«, und zeigt mit seinem ausgestreckten Arm auf jeden einzelnen der Anwesenden, die er alle kennt. Auch hier hat er eindeutig soziologische Studien betrieben, wie er betont. Er weiß detailliert, mit welchen Tricks man sich zu den »oberen Zehntausend« aufschwingen kann. Er unterstellt »ein überall sichtbares, tagtäglich angestrengtes Streben nach Vornehmheit. Jeder möchte sich würdig und stolz, entweder in aller Bescheidenheit oder unter tosendem Applaus, über andere erheben.«

Um einen Platz an der Sonne bemühen sich »Adelige genauso wie Politiker, Aufsteiger, Ganoven, Sandler, Räuber, Jäger, Sportler, Gentlemen, Yuppies, Generäle, Professoren, Schauspieler, Geistliche und Brüder…«

Und so geschieht es, dass ich am Freitag, dem 19. Mai 2006, in der Wiener Hofburg auf den Bruder von Kardinal Schönborn treffe. Michael Schönborn ist Schauspieler und er ist zur »Lisa-Film Gala-Nacht« des Filmproduzenten Karl Spiehs gekommen, der für seine Freunde ein rauschendes Fest inszeniert. Gastauftritte der Opernstars Anna Netrebko und Rolando Villazon und als Höhepunkt ein ganz persönliches Konzert von Udo Jürgens.

Beinahe vollzählig erscheinen die »Spiehs«-Gesellen: Peter Kraus, Mario Adorf, Gunther Gillian, Hans Jürgen Bäumler, Gunter Sachs, Ingrid Flick, Christian Kohlund, Wolfgang Fierek, Mike Krüger, Karl Merkatz, Julia Stemberger, Dagmar Koller, Florian Silbereisen, Harald Serafin, Maximilian Schell, Heidelinde Weis, Pierre Brice, Gaby Dohm, Friedrich von Thun, Philipp Brenninkmeyer, Wolfgang Böck, Felix Dvorak, Konstanze Breitebner, Christiane Hörbiger und dann eben noch Michael Schönborn. Im Gewühle der Menschenmassen gehe ich auf ihn zu und stelle mich vor: »Bischoff, guten Abend. Ich möchte Sie gerne interviewen.« Schauspieler Schönborn schaut irritiert, beugt sich dann nahe zu meinem Ohr und flüstert: »Ich glaube, Sie verwechseln mich mit meinem Bruder. Aber der ist nicht Bischof, der ist Kardinal!« »Nein, nein, nein«, höre ich mich sagen. »Ich heiße Bischoff.« Ein herrliches Missverständnis.

In der Kleeblattgasse 4, inmitten der Wiener City, haben Verpackungskünstler pünktlich zur Weihnachtszeit im Jahr 1988 eine außergewöhnliche Geschäftsidee. Jeder kann sein Geschenk bringen und es aufwendig verpacken lassen. Mir gefällt es, wie man auch das kleinste Geschenk groß aussehen lassen kann und mache einen Interviewtermin aus. Pünktlich, nein eine Minute zu früh, betrete ich das Geschäft. Eine Frau begrüßt mich mit »endlich«. Ich verteidige mich sofort, sage, dass ich genau zur vereinbarten Zeit komme. Worauf sie mich lachend aufklärt: »Ich heiße Endlich!« Hauptsache, ich habe mich gleich schuldig gefühlt.

Gar nicht gemerkt habe ich, dass ich einem feschen Mann bei der Präsentation einer neuen Sektmarke die falsche Einstiegsfrage zum Aufwärmen gestellt habe. Mein Interviewpartner läuft rot an, stammelt irgendwas bis er zur Sprachlosigkeit übergeht. Habe ich doch diesen fremden Menschen tatsächlich gefragt: »Was bedeutet Ihnen Sex?« Na, ja, Freud lässt grüßen. Das war vor 33 Jahren. Heute kann ich darüber lachen – aber damals...

Der französische Schauspieler Michel Piccoli gastiert mit dem Robert Wilson-Projekt »La Maladie De La Mort« im Wiener Museumsquartier. Die Novelle der französischen Schriftstellerin Marguerite Duras erzählt die Geschichte eines Mannes, der eine Frau einlädt, mit ihm einige Wochen am Meer zu verbringen, damit er lernen kann, wie man liebt. Dafür bezahlt er sie. Ein anspruchsvolles Bühnenstück.

In der Nähe der Garderoben warte ich auf Michel Piccoli, um das vereinbarte Interview zu führen. Ich habe das Stück gesehen, bin bestens vorbereitet und gehe nochmals die Fragen durch, die ich auf Französisch stellen muss: Monsieur spricht nur Französisch. Auf die erste Frage antwortet Michel Piccoli todernst: »Le temps à Vienne est très beau.« Aha, und warum ist es wichtig, dass das Wetter in Wien sehr schön ist? Ich denke, er hat meine Frage nicht verstanden, entschuldige mich, dass ich mich offenbar unklar ausgedrückt habe und starte einen zweiten Versuch. Wiederum bekomme ich zur Antwort: »Le temps à Vienne est très beau.« Ganz ruhig bedanke ich mich für seine Zeit und bedauere, dass er offenbar keine Lust hat, mit mir ein Gespräch zu führen. Ich verabschiede mich und wünsche ihm alles Gute. Da beginnt er lauthals zu lachen: »Es war ein Test, es war ein Test. Ich wollte wissen, wie schnell Sie sich aus der Ruhe bringen lassen!«

Komische Spiele liebt Michel Piccoli – aber es steht mir frei, mitzuspielen. Das hat ihm dann doch nicht so gut gefallen.

Nicht so gut gefallen hat mir auch die Absage eines Interviews in München. Kurz vor Ankunft wird mir mitgeteilt, dass Schauspieler Mel Gibson unpässlich sei. Mel Gibson ist auf Promotiontour anlässlich seines neuen Kinofilmes »Braveheart«. Der Film schildert das Leben des schottischen Nationalhelden William Wallace, der die Schotten in die Freiheit führt. In der Hauptrolle zu sehen: Mel Gibson. Regie führt: Mel Gibson. Ich bekomme einen neuen Termin und trete die Heimreise an. Gerüchte werden mir zugetragen, wieso es zur Absage gekommen ist: Offenbar hat Mel Gibson einem besonderen Saft besonders viel zugesprochen.

Wochen später klappt das Interview und ich bekomme Einblick, mit welchem Aufwand der dramaturgische Höhepunkt, die Schlacht von Stirling, gedreht wurde. »Um einen authentischen Mann-gegen-Mann-Kampf zu vermitteln, wurden Freiwillige der irischen Armee als Komparsen angeheuert. Über 30 englische Stuntmänner haben zwei Wochen lang die Komparsen trainiert. Es waren mehr als 2.000 Leute beteiligt, und das aus nur einem Grund: 1.000 zeigen uns ihre nackten Ärsche. Das kommt ins Guinness-Buch der Rekorde – die meisten Ärsche auf einer Filmleinwand in einer Szene.«

1.000 zeigen uns ihre nackten Ärsche. Das kommt ins Guinness-Buch der Rekorde – die meisten Ärsche auf einer Filmleinwand in einer Szene.

Schauspieler und Regisseur
Mel Gibson

Auch nicht gefallen hat mir, als mir ein altes Buch als neues verkauft wird. Ich werde beim Lesen im Vorfeld plötzlich stutzig, nehme das alte aus meinem Bücherregal, vergleiche Zeile um Zeile, Seite um Seite und spreche dann später beim Interview den berühmten Autor darauf an. Der kontert: »Seit wann recherchieren Journalisten?«

Mir hat auch nicht so gut gefallen, als ein Schauspieler sein viertes Kind, die außereheliche Tochter, zuerst einfach abgestritten, dann doch zugegeben hat, um dann lobend zu erwähnen: »Sie sind ja vorbereitet!«

Nicht vorbereitet war ich auf eine gar gruselige Szene. Als mich im sonnigen Kärnten ein Schloss-Besitzer durch seine Räumlichkeiten führt, bleibt er vor einer großen Holztür stehen. »Das ist das Reich meiner Braut. Wir wollten heiraten, hatten bereits den Termin, die Gäste eingeladen. Das Hochzeitskleid, der Schleier, der Hochzeitsstrauß – alles war bereit für unseren einmaligen Tag. Zwei Jahre waren wir ein Paar – ich und das Comtesserl. Dann ist sie verschwunden, einfach verschwunden.«

Und er öffnet die knarrende Tür.

Da steht sie: die Puppe aus Stoff und Stroh, lebensgroß – trägt das Hochzeitskleid, den Schleier, den Brautstrauß der geflüchteten Braut.

»Jeden Tag verbringe ich einige Stunden hier bei ihr.« Mir graut.

sächlich
s und Stök-
t man dem Ge-
chaftskritiker Bern-
ard Rudofsky, so sind
Turnschuhe absolut un-
weiblich. Er schrieb näm-
lich, daß eine Frau so lan-
ge nicht für verführerisch
und elegant gehalten
wird, wie sie ihre Bewe-
gungsfreiheit nicht einem
npraktischen Schuh op-
Amerikanerin Su-
Brownmiller, de-
„Weiblichkeit“
Qualität ist, die
chos zum
verführt,
n Schuh
ngsvoll
n un-
ben
1993:
10.10.1993:

Ganz nach dem Vorbild des österreichischen Malers Oskar Kokoschka. Als Ersatz für seine abtrünnig gewordene Geliebte Alma Mahler bestellt er bei der Puppenmacherin Hermine Moos eine lebensgroße Puppe, eine Nachahmung seiner Alma.

»Ganz Europa jagt den Mann!«, und in Dornbirn wusste jeder, dass ich es bin.

Fälscher der Hitlertagebücher
Konrad Kujau

1983 sorgt der Stuttgarter Konrad »Konny« Kujau für Aufsehen. Er fälscht die Hitlertagebücher: 62 Bände, die er für 9,3 Millionen DM (heute rund 4,76 Millionen Euro) dem Nachrichtenmagazin STERN verkauft. 1985 wird er wegen Betrugs schuldig gesprochen und fasst vier Jahre und sechs Monate Haft aus. Aufgrund einer schweren Kehlkopfkrebs-Erkrankung wird er nach drei Jahren entlassen.

Als man mir am 28. September 1993 ein Interview mit ihm anbietet, kenne ich den wahren Hintergrund noch nicht. Ich fahre nach Stuttgart. Dort lebt Kujau, fälscht Bilder berühmter Maler wie Albrecht Dürer und Egon Schiele und verkauft sie in seiner »Galerie der Fälschungen«. Eine solche Bildersammlung will er auch den Dornbirnern schenken, als ganz besonderes Dankeschön. (Ah, jetzt offenbart sich mir der Grund, warum ausgerechnet mir dieses Interview angeboten wurde: Weil ich Dornbirnerin bin.)

Konrad Kujau: »Als der Hitlertagebuchskandal groß am Kochen war, rieten mir alle, zu verschwinden, bis sich die Lage wieder beruhigt hat. Und da ich Bekannte in Dornbirn habe, bat ich sie, mir ein Hotelzimmer dort zu besorgen, wo ich dann gewohnt habe. In jeder Nachrichtensendung haben sie nach mir gesucht: ›Wo ist der Mann?‹ Gerüchte tauchten auf, ich säße auf einer Terrasse in Ungarn, mit Generalsuniform und einem Koffer mit zwölf Millionen Mark (heute rund 6,1 Millionen Euro) und ich saß in Dornbirn (lacht). Und selbst die BILD-Zeitung titelte: ›Ganz Europa jagt den Mann!‹, und in Dornbirn wusste jeder, dass ich es bin. Ich bin hellauf begeistert. Sollte ich wirklich einmal als Bundeskanzler die Macht übernehmen, wird Dornbirn seine würdige Anerkennung finden. Dann werde ich den Dornbirnern sicherlich ein Museum stiften – ein Museum, nur mit Fälschungen.«

Kujau stellte sich an der deutsch-österreichischen Grenze in Lindau freiwillig den Behörden.

Konrad Kujau wurde nicht Bundeskanzler und somit bekam auch Dornbirn kein von ihm gestiftetes Museum. Er ist am 12. September 2000 mit 62 Jahren gestorben.

Schlusswort

Es war sehr schön, es hat mich sehr gefreut.

Eine in dieser oder ähnlicher Form stets verwendete höfliche, aber nichtssagende Floskel, für die der Kaiser von manchen belächelt wurde. Angeblich hat er sie verwendet, nachdem Eduard van der Nüll, ein Architekt der Staatsoper, 1868 Suizid begangen hat. Das Gebäude war von vielen, darunter auch dem Kaiser, kritisiert worden.

9.216 Menschen interviewt
9.216 Mal die Frage beantwortet:
»Wann erscheint es?«,
»Wann wird's gesendet?«

Beim wohl berühmtesten Heringsschmaus im Osten Österreichs, im Restaurant »Marchfelderhof« in Deutsch-Wagram, liest mir Adele Birnbauer am 18. April 2004 aus der Hand:

Schreiben Sie ein Buch, es wird ein Riesenerfolg.

Sie werden 100 bis 102 Jahre alt.

(Mein erstes Buch »Promis privat« habe ich tatsächlich ein Jahr später geschrieben – es wurde ein Erfolg.)

Am 5. Jänner 2006 treffe ich wieder auf Adele Birnbauer:

Sie wiederholt sich: Sie werden 100 bis 102 Jahre alt.

Sie arbeiten bis zum Tod.

Am 16. Jänner 2008 stürzt Handleserin Adele Birnbauer im Marchfelderhof aufgeregt auf mich zu: »Ich muss mich korrigieren, korrigieren! Ich habe Ihnen vor zwei Jahren gesagt, dass Sie bis zum Tod arbeiten werden. Das stimmt nicht. Sie arbeiten noch im Jenseits.«

Ja, das freut mich. Sie werden von mir hören!

ISBN 978-3-903240-43-8

Lektorat: Nina Winkler
Korrektorat: Magdalena Amann
Gestaltung/Satz: Lothar Baumgartner / B ZGA
Fotografie: Patrick Steiner
Kapitelbilder: Andreas Praefcke,
Alleister Crowley (Wikipedia), Allan Warren,
Defensie (Wikipedia), R.S. Nourse,
Andrea Stöckel, Haeferl (Wikipedia)
Druck: FINIDR, s.r.o.